대형 고양잇과

1. 집단으로 사냥하는 유일한 대형 고양잇과 동물은 무엇인가요?

2. 대형 고양잇과 동물 중 가장 수가 많고 가장 많은 나라에서 살고 있는 동물은 무엇인가요?
   a) 치타
   b) 퓨마
   c) 표범

3. '재규어'는 아메리카 원주민의 말로 무엇을 뜻할까요?
   a) 단숨에 뛰어올라 죽이는 자
   b) 발로 죽이는 자
   c) 많은 양을 죽이는 자

4. 수컷 사자의 머리에 난 텁수룩한 머리카락은 갈기일까요? 아니면 꽁지머리일까요?

5. 사자의 울음소리는 얼마나 멀리서부터 들을 수 있나요?
   a) 1.5킬로미터
   b) 8킬로미터
   c) 16킬로미터

(6) 재규어의 특징에는 '재'를,
표범의 특징에는 '표'를 써 넣어요.
___ 나무에 올라가 먹거나 잠을 자요.
___ 모든 대형 고양잇과 동물중 가장 세게 물어요.

(7) 흑표범은 검은 가죽을 지닌
표범이나 재규어를 가리켜요.
진실일까요? 거짓일까요?

(8) 로마 시대의 검투사 쇼에서는
사자와 호랑이를 서로 싸우게 만들었어요.
둘 중 누가 대부분의 결투에서 이겼을까요?

(9) 성경 이야기 속에서 누가 사자 우리에 던져졌나요?
 a) 다윗   b) 덩컨   c) 다니엘

(10) 나는 아프리카의 뜨거운 초원에서 왔어요.
내 꼬리 끝에는 술이 달려 있어요.
나는 야수의 왕으로 알려져 있어요.
나는 누구일까요?

치명적인 동물들

① 다음 중 어떤 동물이 사람을 가장 많이 죽이나요?
   a) 사자   b) 상어   c) 하마

② 어느 새가 나무에서 원숭이를 낚아채 잡아먹나요?
   a) 왕대머리수리   b) 쇠부엉이   c) 남미수리

③ 어떤 상어가 강에서도 살 수 있나요?
   a) 고래상어
   b) 황소상어
   c) 백상아리

④ 어떤 아프리카 동물의 별명이 '웃는 암살자'인가요?

⑤ 평균적으로 매해 악어에게 잡아먹히는 사람은 몇 명일까요?
   a) 100명   b) 1000명   c) 5000명

6. 세계에서 가장 강한 독을 가진
　　동물은 무엇인가요?

　　a) 상자해파리
　　b) 킹코브라
　　c) 깔대기그물거미

7. 아마존 강의 어떤 작은 물고기가
　　사람의 손가락을 한번에 물어뜯을 수 있나요?

8. 다음 중 눈이 하나뿐인 신화 속 맹수는 무엇인가요?

　　a) 키클롭스
　　b) 늑대인간
　　c) 바실리스크

9. 다음 중 상자해파리에 쏘이고, 바다악어에게 먹히고,
　　검은과부거미에게 물릴 수 있는 곳은 어디일까요?

　　a) 스페인　　　　b) 그리스　　　　c) 오스트레일리아

10. 다음 중 어떤 위험한 뱀을 사막에서 우연히 만날 수 있나요?

　　a) 아프리카살무사
　　b) 보아
　　c) 그린맘바

11) 다음 중 어느 동물이 세상에서 가장 무는 힘이 센가요?
   a) 회색곰   b) 악어   c) 백상아리

12) 세상에서 다른 어떤 동물보다 가장 많은 사람을 죽이는 동물은 무엇인가요?

13) 늑대떼를 영역에서 몰아낼 수 있는 유일한 동물은 누구인가요?

14) 아나콘다 뱀은 어떻게 먹잇감을 죽이나요?
   a) 물기   b) 조르기   c) 찌르기

15) 코뿔소가 돌진해 오면 어떻게 대처해야 하나요?
   a) 조용히 하고 한쪽으로 돌을 던진다.
   b) 가능한 크게 소리치고 비명을 지른다.
   c) 코뿔소의 코를 주먹으로 때린다.

상어

① 백상아리는 배불리 먹고 난 뒤,
   먹지 않고 얼마나 버틸 수 있나요?
   a) 2일
   b) 2주
   c) 2개월

② 상어는 아주 예민한 전기 감지 기관이 있어요.
   이 기관은 무엇에 사용할까요?
   a) 먹잇감의 움직임을 감지하기 위해
   b) 서로 소통하기 위해
   c) 배와 잠수함을 피하기 위해

③ 백상아리와 범고래가 싸우면
   누가 이길까요?

④ 상어를 뒤집으면
   어떤 일이 일어날까요?
   a) 물에 빠져 죽는다.
   b) 옅은 잠에 빠진다.
   c) 원을 그리며 헤엄친다.

⑤ 이 상어의 이름은
   무엇일까요?

⑥ 2007년에 상어가 사람 한 명을 죽였어요. 같은 해, 사람들은 상어를 몇 마리 죽였을까요?
   a) 100만 마리   b) 1000만 마리   c) 1억 마리

⑦ 상어는 자면서도 헤엄쳐요. 그렇지 않으면 어떻게 될까요?
   a) 가라앉는다.   b) 물에 빠져 죽는다.   c) 해안으로 떠밀린다.

⑧ 다음의 유명한 영화 중 상어가 나오는 영화는 무엇인가요?
   a) 〈죠스〉   b) 〈쥬라기 공원〉   c) 〈타이타닉〉

⑨ 가장 큰 상어의 크기는 무엇과 비슷할까요?
   a) 자동차   b) 버스   c) 비행기

⑩ 아기 상어는 영어로 뭐라고 부를까요?
   a) pups   b) kids   c) sharklets

숲에 사는 동물들

1. 늑대가 가장 많은 나라는 어디인가요?
   a) 캐나다
   b) 러시아
   c) 미국

2. 나는 북슬북슬한 꼬리가 있고, 까맣고 하얀 털을 가지고 있어요. 나는 고약한 냄새를 내서 스스로 보호해요.
   나는 누구일까요?

3. 멧돼지와 가장 밀접한 관련이 있는 가축은 무엇일까요?
   a) 소   b) 양   c) 돼지

4. 눈 덮인 숲속에 사는 여우는 무슨 색깔 털을 가지고 있나요?
   a) 빨간색   b) 하얀색   c) 검은색

5. 청설모는 둥지에서 사나요?

6. 개는 어떤 숲속 동물과 가장 밀접한 관련이 있나요?
   a) 늑대
   b) 여우
   c) 오소리

7. 아기 호저는 영어로 뭐라고 부를까요?
   a) porcupups
   b) porcupettes
   c) porcupops

8. 나는 커다란 앞니가 두 개 있고,
   나무를 아주 잘 베어요.
   나는 캐나다를 상징하는 동물이기도 해요.
   나는 누구일까요?

9. 딱따구리는 얼마나 빨리 나무를 쪼을 수 있나요?
   a) 1초에 6번
   b) 1초에 16번
   c) 1초에 160번

10. 어떤 동물이 겨울에 겨울잠을 자나요?
    a) 고슴도치   b) 비둘기   c) 고양이

⑪ 잭 런던이 쓴 책 『화이트 팽』에서
화이트 팽은 어떤 종류의
숲속 동물이었나요?

⑫ 곰은 꿀을 좋아하나요?

⑬ 다음 중 누구의 할머니가 숲속에 살고
늑대에게 잡아먹혔나요?
   a) 백설공주
   b) 험프티 덤프티
   c) 빨간 모자

⑭ '붉은○○', '흰꼬리○○',
'말코손바닥○○'에서
○○에 들어가는 동물은 무엇일까요?

⑮ 시베리아호랑이는 어디에 사나요?
   a) 스칸디나비아
   b) 알래스카
   c) 러시아

애완동물

① 고양이는 떨어질 때 항상 발부터 착지하나요?

② 전 세계적으로 가장 인기 있는 애완동물은 무엇인가요?
   a) 개   b) 고양이   c) 물고기

③ 집토끼 먹이의 주된 재료는 무엇이어야 하나요?
   a) 당근
   b) 건초
   c) 상추

④ <개구쟁이 스머프>에 등장하는 가가멜의 애완견 이름은 무엇인가요?
   a) 내셔   b) 네로   c) 아즈라엘

⑤ 모든 고양이는 파란 눈으로 태어나요.
   진실일까요? 거짓일까요?

6) 둘 중 무엇이 더 작은가요?
햄스터인가요? 아니면 기니피그인가요?

7) 1957년에 소련 우주선을 탄 개의 이름은 무엇인가요?
   a) 라이카   b) 푸시킨   c) 레닌

8) 푸들과 래브라도를 교배해 만든 개 품종은 무엇인가요?
   a) 래브라푸   b) 푸들라도   c) 래브라두들

9) 고양이같이 생긴 강한 여신을 숭배했던 사람들은 누구인가요?
   a) 고대 이집트인   b) 바이킹   c) 아즈텍족

10) 털이 전혀 없는 고양이 품종은 무엇인가요?
    a) 샴고양이
    b) 스핑크스 고양이
    c) 버마고양이

11. 광부들이 공기가 안전한지 시험하기 위해 광산에 데리고 내려갔던 애완동물은 무엇인가요?
    a) 개　　　　b) 금붕어　　　　c) 카나리아

12. 금붕어는 3초 기억력을 가졌다는 게 사실인가요?

13. 〈심슨 가족〉에 나오는 애완견 이름은 무엇인가요?
    a) 산타 도우미
    b) 스노우볼
    c) 스톰피

14. 토끼들이 뒷다리로 땅을 치는 건 다른 토끼들에게 위험을 알리기 위한 걸까요? 아니면 구애의 춤을 추기 시작한 걸까요?

15. 하룻밤 동안 햄스터는 얼마만큼 달릴 수 있나요?
    a) 0.6킬로미터
    b) 30킬로미터
    c) 100킬로미터

원숭이와 유인원

1. 마다가스카르 섬에서만 사는 영장류의 종류는 무엇인가요?
   a) 오랑우탄
   b) 여우원숭이
   c) 레서스원숭이

2. 원숭이 집단을 무엇이라고 부르나요?
   a) 떼   b) 부족   c) 부대

3. 북미 숲속에 살면서 두 발로 걷는다고 알려진 전설 속 유인원은 무엇인가요?
   a) 킹콩   b) 빅풋   c) 예티

4. 코주부 원숭이는 무엇을 가졌나요?
   a) 커다란 코
   b) 두툼한 배
   c) 거대한 콧수염

5. 유럽에는 야생 원숭이가 살지 않아요.
   진실일까요? 거짓일까요?

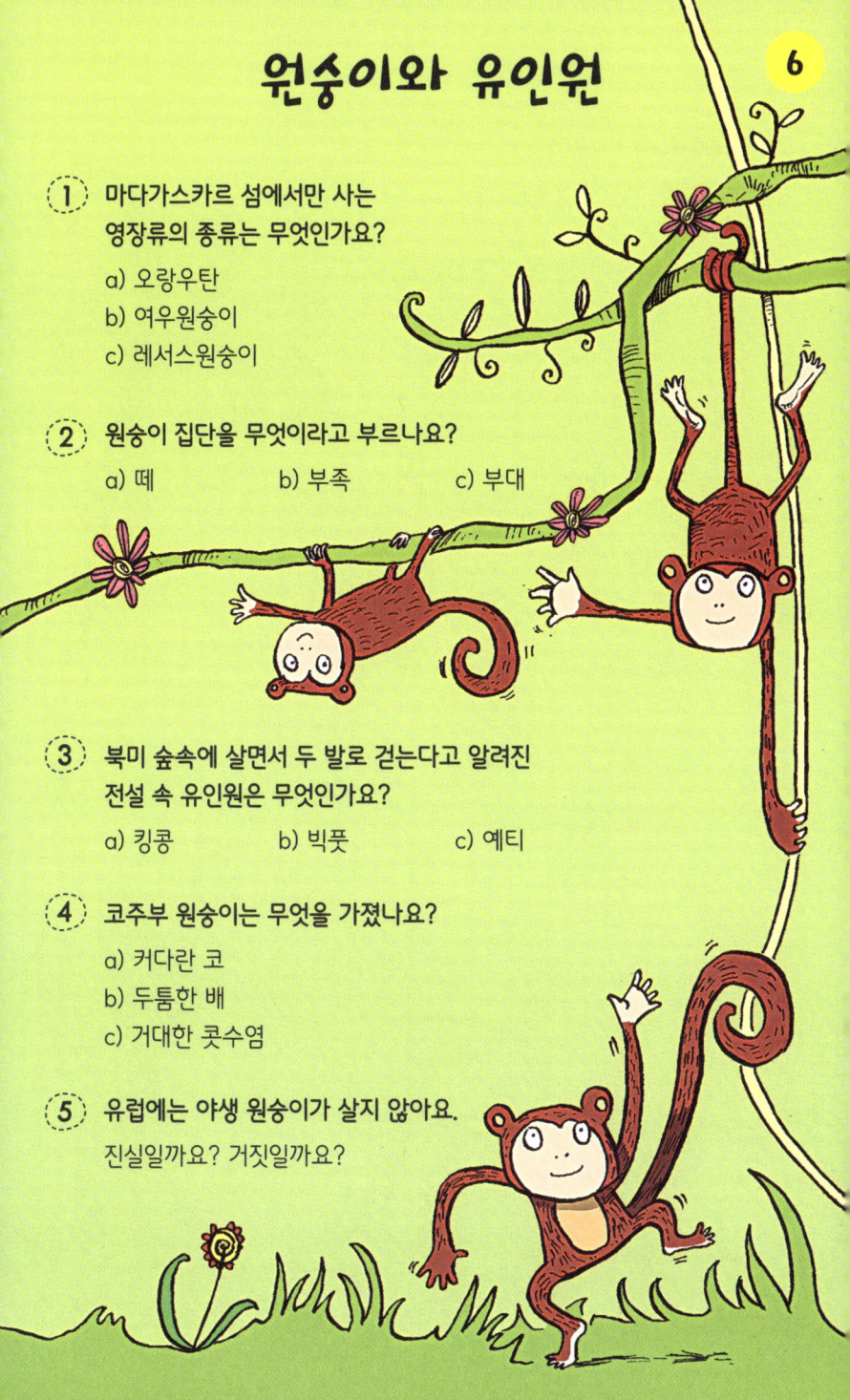

⑥ 원숭이와 유인원을 구분하는
가장 빠른 방법은 무엇일까요?

⑦ 가장 덩치가 큰 유인원은 무엇인가요?
  a) 고릴라
  b) 오랑우탄
  c) 침팬지

⑧ 온천에서 목욕을 하며 겨울의 추위를
피하는 원숭이는 누구일까요?
  a) 맨드릴개코원숭이   b) 꼬리감는원숭이   c) 일본원숭이

⑨ 1961년에 침팬지 햄은 어떤 역사를 만들었나요?
  a) 팝송을 발표한 첫 번째 유인원이었어요.
  b) 우주에 간 첫 번째 유인원이었어요.
  c) 긴 나눗셈을 푼 첫 번째 유인원이었어요.

⑩ 어른 수컷 고릴라를 부르는
이름은 무엇인가요?
  a) 실버불
  b) 실버백
  c) 실버킹

거대한 동물들

1) 다음 중 기린의 별명은 무엇일까요?
   a) 악취 나는 돼지   b) 지독한 돼지   c) 냄새 나는 수컷

2) 이때까지 지구에 살았던 동물 중 가장 큰 동물은 무엇인가요?

3) 커다랗고 날지 못하는 새 중 칼 같은 발톱으로 <u>스스로를 보호하는</u> 새는 누구일까요?
   a) 에뮤   b) 화식조   c) 타조

4) '악어물떼새'라는 작은 새는 어떻게 나일악어를 도와주나요?
   a) 악어의 피부를 쪼아 작은 해충을 청소해 줘요.
   b) 위험을 알려 줘요.
   c) 이빨을 청소해 줘요.

5) 영화 속에서 방사열선을 내뿜는 거대한 괴물의 이름은 무엇인가요?

(6) 다음 중 러시아 동부에서 볼 수 없는
동물은 무엇인가요?

a) 호랑이
b) 곰
c) 고릴라

(7) 중국에서 용은 행운과 불운 중 무엇을 가져온다고 하나요?

(8) 악어는 공룡과 비슷한 시기에 존재했어요.

진실일까요? 거짓일까요?

(9) 로알드 달의 책에 나오는
'선꼬거'는 무엇을 가리키나요?

a) 선량한 꼬마 거위
b) 선량한 꼬마 거인
c) 선량한 꼬마 거북이

(10) 대왕고래의 심장은 무엇과 똑같은 크기일까요?

a) 비치 볼
b) 세탁기
c) 자동차

⑪ '오르카'는 어느 동물의 다른 이름일까요?
   a) 범고래　　　b) 코끼리　　　c) 비단구렁이

⑫ 세상에서 가장 큰 눈을 가진 동물은 무엇인가요?
   a) 대왕고래　　b) 남극하트지느러미오징어　　c) 고래상어

⑬ 다음 중 어떤 커다랗고 성질 나쁜 동물이 탄알을 막을 만큼
   두꺼운 가죽을 가지고 있나요?
   a) 하마　　　　b) 물소　　　c) 호랑이

⑭ 원시인들은 털매머드를 타고 다녔을까요?

⑮ 아래 동물들을 크기 순서대로 나열해 보세요.
   가장 큰 순서대로요.
   a) 향유고래
   b) 돌고래
   c) 표범
   d) 하마

맹금류

1. 맹금류는 일반적으로 누가 더 큰가요?
   수컷인가요? 아니면 암컷인가요?

2. 나는 머리를 거의 완전히 한 바퀴 돌릴 수 있어요.
   밤에는 사람보다 10배는 더 잘 볼 수 있어요.
   조용한 어둠 속에서 날아요.

   나는 누구일까요?

3. 다음 중 어떤 동물이 허공에서 다른 새를 죽일까요?
   a) 매
   b) 흰꼬리수리
   c) 흰올빼미

4. 독수리는 주로 어디에
   둥지를 지을까요?

5. 맹금류는 무엇으로
   먹이를 잡나요?
   a) 갈고리
   b) 발톱
   c) 집게발

(6) 독수리는 사냥꾼인가요? 아니면 *청소동물인가요?
   *동물의 사체를 먹는 동물

(7) 다음 중 맹금류가 아닌 동물은 무엇인가요?
   a) 말똥가리   b) 부비새   c) 황조롱이

(8) 뱀잡이수리는 키가 1미터가 넘고,
   먹잇감을 찾아 풀밭을 헤치고 걸어다녀요.
   이들은 어디에 살까요?
   a) 아프리카   b) 아시아   c) 오스트레일리아

(9) 『해리 포터』에서 해리의 부엉이 이름은 무엇인가요?
   a) 스캐버스   b) 헤드위그   c) 피그

(10) 다음 중 유럽에서 쉽게 볼 수 있는 동물은?
   a) 검독수리   b) 흰머리수리   c) 남미수리

소름끼치는 벌레들

1) 거미 다리는 몇 개인가요?
 a) 6개 b) 8개 c) 10개

2) 누가 고기를 먹을까요?
 노래기일까요? 아니면 지네일까요?

3) 스파이더맨은 어떻게 초능력을 얻게 되었나요?
 a) 방사성 거미에게 물렸어요.
 b) 방사성 거미를 삼켰어요.
 c) 부모님이 거미였어요.

4) 나는 다리가 여덟 개예요.
 나는 커다란 집게발을 가지고 있고 꼬리로 쏘아요.
 우리 중 가장 치명적인 종은 '데스스토커'라고 불려요.
 나는 누구일까요?

5) 머릿니는 무엇을 먹고 사나요?
 a) 머리카락
 b) 피
 c) 건조한 피부

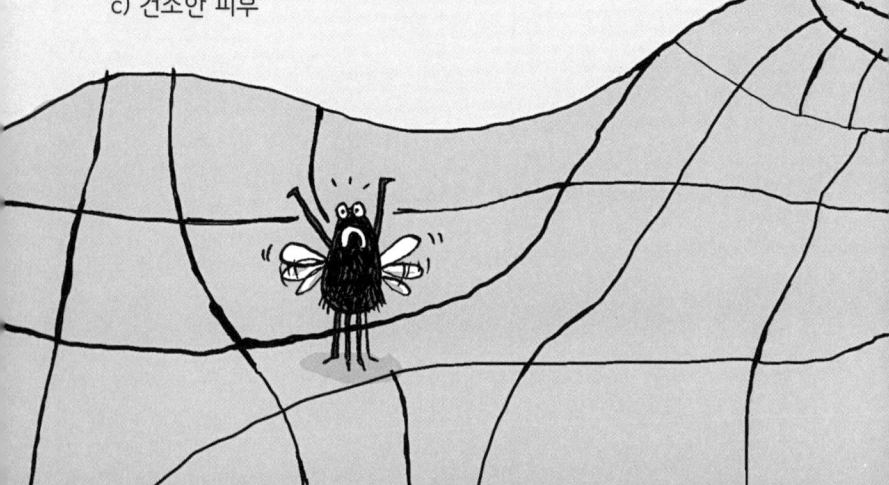

⑥ 빈대가 무나요?

⑦ 어부들이 자주 미끼로 쓰는 것은 무엇인가요?
   a) 민달팽이
   b) 딱정벌레
   c) 구더기

⑧ 세상에서 가장 큰 거미는 무엇인가요?
   a) 골리앗 버드이터 거미
   b) 늑대거미
   c) 킹 바분 거미

⑨ 노래기는 독이 있나요?

⑩ 거미줄 0.5킬로그램으로 무엇을 둘러 쌀 수 있을까요?
   a) 육상 경기 트랙
   b) 뉴욕 시
   c) 지구

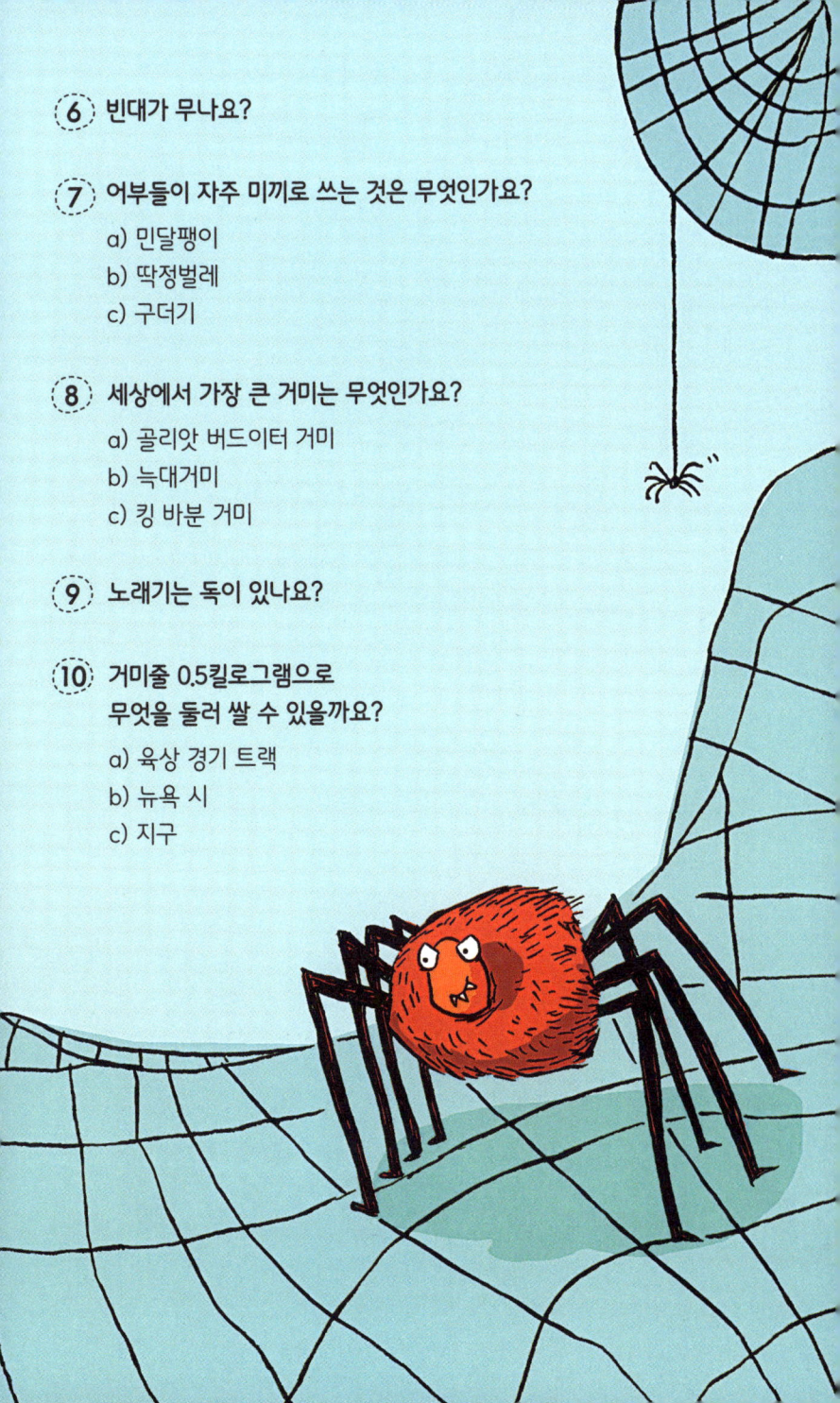

⑪ 아마존왕지네의 크기는
   얼마만 할까요?
   a) 손가락
   b) 손
   c) 팔뚝

⑫ 거미가 욕조의 배수구를 타고
   올라올 수 있나요?

⑬ 모든 지네는 다리가 100개예요.
   진실일까요? 거짓일까요?

⑭ 대벌레는 나무로 만들어졌어요.
   진실일까요? 거짓일까요?

⑮ 지렁이를 반으로 자르면
   살아 있는 지렁이 두 마리가 생기나요?

네 또는 아니요

1. 고릴라는 둥지를 짓나요?

2. 두꺼비는 알을 낳나요?

3. 대왕고래가 사람을 삼킬 수 있나요?

4. 북극곰이 영국 해협을 헤엄쳐 건널 수 있을까요?

5. *전서구가 여러분에게 편지를 배달하면, 다시 답장과 함께 돌려보낼 수 있을까요?

   *편지를 보내는 데 쓸 수 있게 훈련된 비둘기

6. 기린은 사람보다 목뼈가 많나요?

7. 돌고래는 거울 속 자신을 알아볼 수 있나요?

8. 호랑이는 헤엄칠 수 있나요?

9. 거북이는 땀을 흘리나요?

⑩ 달리는 말의 네 다리가 동시에
땅에서 떨어져 있는 순간이 있나요?

⑪ 굼벵이무족도마뱀은 지렁이보다 느릴까요?

⑫ 소가 넘어지면 다시 일어날 수 있나요?

⑬ 해파리는 뇌가 있나요?

⑭ 쥐가 토할 수 있나요?

⑮ 뱀은 끈적끈적한가요?

⑯ 얼룩말이 짖을 수 있나요?

⑰ 나방이 사람의 옷을 먹나요?

⑱ 수탉은 오로지 해 뜰 때만 우나요?

⑲ 부엉이는 완전한 어둠 속에서도 볼 수 있나요?

⑳ 캥거루가 수레를 뛰어넘을 수 있나요?

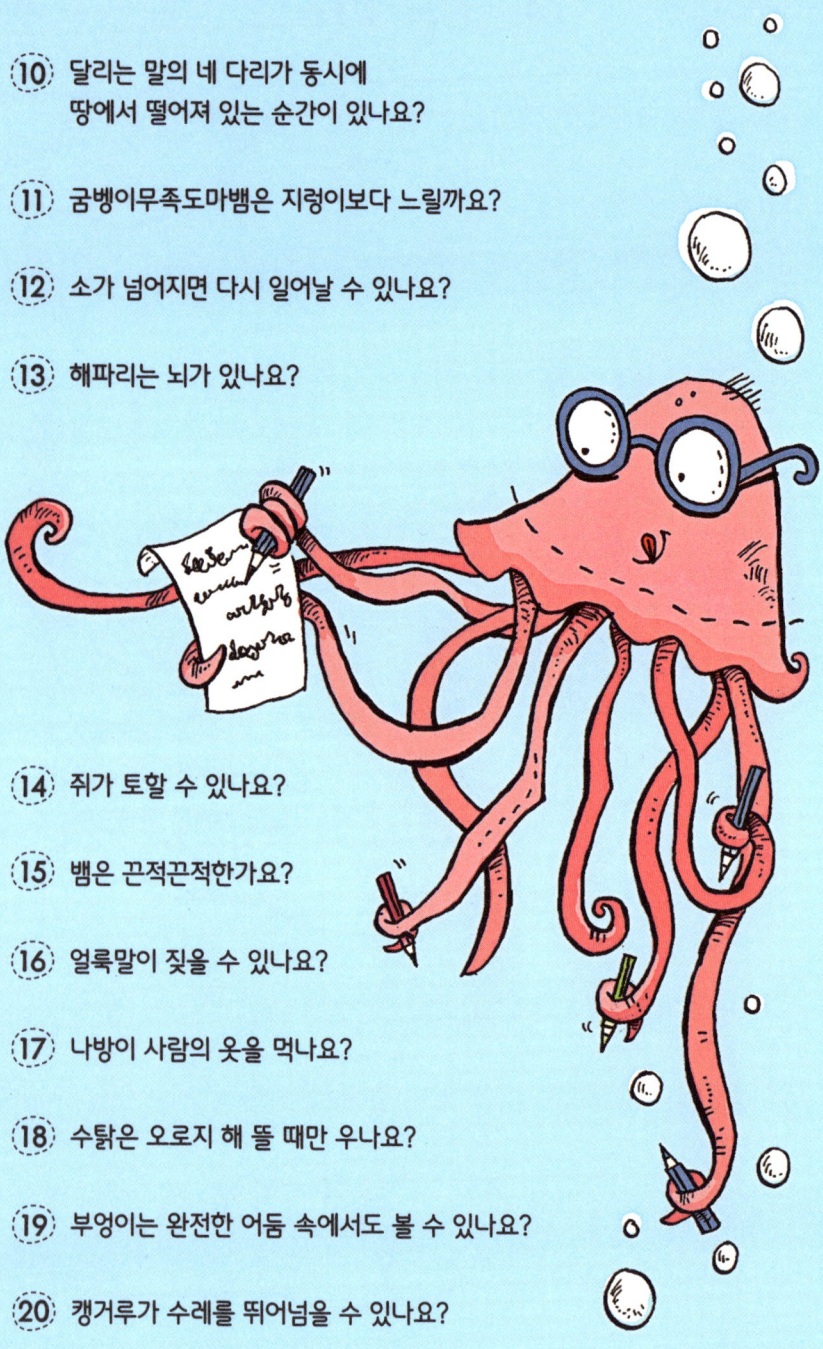

농장에서

1) 가장 먼저 기르기 시작한 첫 번째 가축은 무엇이었을까요?
   a) 염소   b) 양   c) 돼지

2) 가장 똑똑한 동물은 누구일까요?
   a) 말   b) 돼지   c) 닭

3) 암탉만 달걀을 낳을 수 있어요.
   진실일까요? 거짓일까요?

4) 홀스타인, 프리지안, 저지, 건지는 무엇을 나타낼까요?

5) 말의 크기는 무엇으로 재나요?
   a) 손   b) 팔   c) 다리

⑥ 거위 무리는 영어로 무엇이라고 부르나요?
   a) giggle   b) gaggle   c) goggle

⑦ 볏과 육수가 있는 동물은 누구인가요?
   a) 소
   b) 돼지
   c) 닭

⑧ 소는 비가 올 때 항상 눕나요?

⑨ 수컷 염소는 무엇이라고 부르나요?

⑩ 소는 하루에 어림잡아 몇 번이나 방귀를 뀌나요?
   a) 15번   b) 150번   c) 1500번

뱀

1. 독물총코브라는 먹잇감의 어느 부위를 노리나요?
   a) 눈　　　　b) 콧구멍　　　c) 입

2. 세상에서 가장 긴 뱀은 무엇인가요?
   a) 큰삼각머리독사
   b) 그물무늬비단뱀
   c) 보아

3. 다음 중 뱀이 살지 않는 곳은 어디인가요?
   열대 우림, 사막, 극지방, 바다, 초원

4. 뱀 부리는 사람들이 주로 부리는 뱀은 무엇인가요?
   a) 살무사　　　b) 맘바　　　c) 코브라

5. 뱀은 뼈가 있나요?

6. 어느 신화 속 캐릭터의 머리카락이 뱀으로 되어 있나요?
   a) 메두사   b) 미노타우로스   c) 케르베로스

7. 사막의 뱀들은 모래 위를 어떻게 이동하나요?
   a) 스르르 미끄러지면서 이동해요.
   b) 옆으로 회전하듯이 이동해요.
   c) 굴러가면서 이동해요.

8. 뱀이 태어나지 않는 나라는 어디인가요?
   영국, 프랑스, 아일랜드, 이탈리아

9. 세상에서 가장 강한 독을 지닌 육지 뱀은 무엇인가요?
   a) 독물총코브라   b) 산호뱀   c) 인랜드타이판

10. 방울뱀은 자신의 방울 소리를 들을 수 있나요?

물고기

1. 다음 중 사는 곳이 다른 것은 무엇인가요?
   참치, 황새치, 강꼬치고기, 꼬치고기, 고등어

2. 다음 중 어떤 영화에 흰둥가리 두 마리가 주인공을 맡았나요?
   a) 〈인어공주〉
   b) 〈니모를 찾아서〉
   c) 〈샤크〉

3. 물고기는 무엇을 통해 숨을 쉬나요?
   a) 아가미   b) 콧구멍   c) 피부

4. 불가사리는 물고기인가요?

5. 금붕어는 원래 어디서 왔나요?
   a) 이탈리아   b) 브라질   c) 중국

6. 어떤 물고기가 세상에서 가장 고통스러운 독을 지니고 있나요?
   a) 복어   b) 스톤피시   c) 메기

7. 연어는 한 번에 약 3000개의 알을 낳아요. 이 중 대략 몇 마리가 물고기로 자랄까요?
   a) 2마리   b) 100마리   c) 1500마리

8. 송어 배를 살살 간질이면 송어를 잡을 수 있어요.
   진실일까요? 거짓일까요?

9. 『땡땡의 모험』에 등장하는 선장은 대구를 뜻하는 '아독 선장'이라고 불려요.
   진실일까요? 거짓일까요?

10. 날치는 얼마나 오랫동안 물 위를 날아오를 수 있나요?
    a) 10초
    b) 20초
    c) 40초

곰

① 어떤 곰이 채식주의인가요?
   a) 회색곰   b) 흑곰   c) 대왕판다

② 『정글북』에 등장하는 곰의 이름은 무엇인가요?
   a) 바부   b) 발루   c) 바구

③ 코알라도 곰의 한 종류인가요?

④ 큰곰자리와 작은곰자리는 어디서 볼 수 있나요?

⑤ 회색곰은 여름에 어떤 종류의 물고기를 잡아먹나요?
   a) 연어
   b) 참치
   c) 대구

6. 어떤 곰이 나무를 아주 잘 타나요?
   a) 흑곰   b) 북극곰   c) 회색곰

7. 곰돌이 푸와 피글렛이 꿀단지를 이용해 깊은 구덩이에 가두려고 한 것은 누구였나요?
   a) 웜블
   b) 무민
   c) 헤팔럼

8. 북극곰은 얼음과 눈 속에서 사냥을 할 때, 눈에 띄지 않기 위해 자신의 검은 코를 가려요.
   진실일까요? 거짓일까요?

9. 회색곰 먹이의 80퍼센트는 무엇으로 이루어져 있을까요?
   a) 고기
   b) 물고기
   c) 식물

10. 우르수스 마리티무스는 어떤 곰의 학명일까요?
    a) 북극곰
    b) 불곰
    c) 판다

⑪ 1850년대 캘리포니아에서는 회색곰과 사자를 우리 속에서 서로 싸우게 했어요.
누가 이겼나요?

⑫ 북극곰이 먹지 않는 것은 무엇일까요?
a) 펭귄　　　　b) 바다표범　　c) 물고기

⑬ 다음 중 진짜 곰은 무엇인가요?
a) 수염곰
b) 안경곰
c) 장갑곰

⑭ 누가 곰 세 마리의 죽을 훔쳐 먹었나요?
a) 피노키오
b) 리틀 보 핍
c) 골디락스

⑮ 판다는 왜 물구나무를 서나요?
a) 나무에 영역을 표시하기 위해
b) 짝에게 잘 보이기 위해
c) 운동을 하기 위해

계절

1. 거위 떼가 겨울을 나기 위해 이동할 때
만드는 알파벳 모양은 무엇인가요?

2. 왜 겨울에는 말벌을 볼 수 없나요?
   a) 겨울잠을 자기 때문에
   b) 이동하기 때문에
   c) 거의 죽었기 때문에

3. 매 년 150만 마리의 누, 가젤, 얼룩말이
남아프리카를 가로질러 북쪽으로 이동해요.
이 엄청난 이동을 뭐라고 할까요?

   ___ ___ 최대의 ___

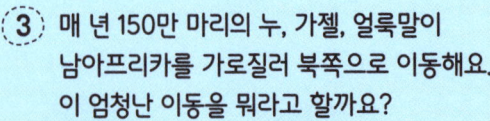

4. 북방족제비는 겨울이 되면
털이 무슨 색으로 변할까요?

5. 애벌레가 나비로 변하는 동안
애벌레를 보호하는 딱딱한
껍데기를 무엇이라고 하나요?
   a) 번데기
   b) 껍질
   c) 알맹이

⑥ 적도 근처에 사는 동물 중 겨울잠을 자는 동물이 있나요?

⑦ 유럽 제비는 어디서 겨울을 보내나요?
   a) 오스트레일리아   b) 아프리카   c) 아시아

⑧ 다음 중 어느 동물이 겨울에 털색을 바꾸나요?
   a) 북극여우   b) 늑대   c) 북극곰

⑨ 새는 모두 겨울을 나기 위해 이동하나요?

⑩ 청설모가 겨울을 대비해 도토리를 저장할 때, 도토리를 각각 묻나요? 아니면 많은 양을 함께 저장하나요?

사막에서

1. 어떤 낙타가 혹을 두 개 가지고 있나요?
   쌍봉 낙타일까요? 아니면 단봉 낙타일까요?

2. 황금바퀴거미는 어떻게 위기에서 벗어날까요?
   a) 아주 빠르게 위아래로 뛴다.
   b) 모래 속으로 파고든다.
   c) 옆으로 재주를 넘으며 모래 언덕을 내려간다.

3. 고대 이집트인들은 어떤 곤충을 숭배했나요?
   a) 왕쇠똥구리
   b) 장수풍뎅이
   c) 코끼리장수풍뎅이

4. '더스트 데블'은 너무 빨리 달려서 공기 중에 먼지 구름을 일으키는 도마뱀의 한 종류예요.
   진실일까요? 거짓일까요?

5. 낙타는 물을 마시지 않고 얼마나 견딜 수 있나요?
   a) 4일
   b) 4주
   c) 4개월

(6) 뿔도마뱀은 눈에서 무엇을 쏘나요?
   a) 눈물   b) 침   c) 피

(7) 삽주둥이 도마뱀은 왜 춤을 추나요?
   a) 발을 서늘하게 유지하기 위해서
   b) 짝을 유혹하기 위해서
   c) 천적을 혼란스럽게 하기 위해서

(8) 등에 짐을 실은 낙타 무리를 이끌고 교역하는 상인 집단을 무엇이라고 하나요?
   a) 짐수레   b) 카라반   c) 함대

(9) 어느 도마뱀이 스스로를 보호하기 위해 뾰족뾰족한 똬리 모양으로 몸을 마나요?
   a) 갑옷도마뱀
   b) 개미핥기 도마뱀
   c) 땅돼지 도마뱀

(10) 전갈은 꼬리로 쏘나요?
    집게발로 쏘나요?
    둘 다로 쏘나요?

방어용 속임수

① 이 물고기는 실제보다 커 보이기 위해 몸을 부풀려요. 이 물고기의 이름은 무엇일까요?
 a) 가시복
 b) 풍선복
 c) 풍선뱀장어

② 어떤 동물이 남아프리카의 개미를 먹고, 위험에 처하면 공중제비를 하며 도망갈까요?
 a) 땅돼지　　b) 벌꿀오소리　　c) 미어캣

③ 다음 중 주변 환경에 몸을 감추는 동물은 무엇일까요?
 a) 호랑이　　b) 카멜레온　　c) 독화살개구리

④ 왜 아기 코모도왕도마뱀은 똥 속에 몸을 굴릴까요?

⑤ 도마뱀붙이는 어떻게 천적의 주위를 딴 데로 돌리나요?
 a) 냄새 나는 가스를 살포해서
 b) 공중제비를 돌아서
 c) 꼬리를 잘라 버려서

⑥ 움직이지 않고 조용히 그대로 있는 행동을 표현하는 말이에요.
어떤 동물이 아래 빈칸에 들어가야 할까요?

"____ 죽은 듯이 있다"

⑦ 어떤 심술궂은 사막 동물이 반쯤 소화된 음식을 토해서
공격을 하나요?

⑧ 천적을 발견하기 위해 두 눈에 눈동자가 두 개씩 달린
물고기가 있어요. 하나는 물 밖을 보고 하나는 물속을 보지요.
이 동물의 이름은 무엇인가요?

네____ ____ ____물고기

⑨ 스컹크의 냄새는 무엇과 가장 비슷한가요?

a) 썩은 달걀과 상한 우유 냄새
b) 타는 고무와 오줌 냄새
c) 개똥과 땀 냄새

⑩ 어떤 동물이 고슴도치처럼
몸을 공처럼 둥글게 말까요?

a) 아르마딜로
b) 호저
c) 코알라

오스트레일리아

1. 주머니에 새끼를 넣고 다니는 동물의 종류는 무엇인가요?

2. 나는 오스트레일리아 근처의 섬에서 살아요.
   나는 매우 강한 턱을 가졌어요.
   내 만화 캐릭터는 회오리바람처럼 돌아요.
   나는 무엇일까요?

3. 아기 캥거루는 영어로 뭐라고 부르나요?
   a) bunny   b) sheila   c) joey

4. 오스트레일리아의 자칼 같은 포식자는 무엇인가요?
   a) 딩고   b) 캉고   c) 멍고

5. 알을 낳는 포유류는 세상에 단 두 종류뿐이에요.
   하나는 오리너구리이고 다른 하나는 무엇인가요?
   a) 가시두더지   b) 주머니개미핥기   c) 반디쿠트

(6) **코알라는 하루에 몇 시간을 자나요?**
  a) 5시간
  b) 10시간
  c) 20시간

(7) **웜뱃은 둥지에서 사나요? 아니면 굴에서 사나요?**

(8) **어느 오스트레일리아 거미가 짝짓기 후 수컷 짝을 먹어치우나요?**
  a) 해적거미
  b) 검은과부거미
  c) 문짝거미

(9) **'쿠카바라'는 어떤 종류의 동물인가요?**
  a) 토끼   b) 새   c) 청설모

(10) **모든 유대목 동물은 오스트레일리아 출신이에요.**
  진실일까요? 거짓일까요?

진실? 혹은 거짓?

① 타조는 모래 속에 머리를 묻어요.

② 홍학은 한 다리로 서 있어요.

③ 코끼리는 쥐를 무서워해요.

④ 악어는 눈물을 흘려요.

⑤ 캥거루는 복싱을 해요.

⑥ 나그네쥐는 절벽 너머로 뛰어내려요.

⑦ 낙타는 혹에 물을 저장해요.

⑧ 암컷 모기만 물 수 있어요.

⑨ 사람이 손댄 병아리는 엄마에게 버려져요.

⑩ 제비집 수프는 새둥지로 만들어요.

⑪ 불가사리는 한쪽 팔이 잘리면 완전히 새로운 몸통이 자라날 수 있어요.

⑫ 몽구스는 뱀독도 이겨 낼 수 있어요.

⑬ 게는 옆으로 걸어요.

⑭ 박쥐는 눈이 보이지 않아요.

⑮ 사자는 가르랑거릴 수 없어요.

⑯ 개는 흑백으로 보아요.

⑰ 소라 껍데기 속에 바다가 들어 있어요.

⑱ 장님거미는 독이 있어요.

⑲ 흑집게벌레는 사람의 귀 속에 살아요.

⑳ 블러드 하운드는 다른 개보다 후각이 발달되어 있어요.

해안가

1. 다음 중 바위 사이 웅덩이에 주로 사는 동물들은 무엇인가요?
   게, 불가사리, 해마, 삿갓조개, 청어

2. 어떤 새가 머리부터 바다로 뛰어들어 물고기를 잡나요?
   a) 물수리　　　b) 재갈매기　　　c) 부비새

3. 오스트레일리아의 백조는 무슨 색인가요?
   검은색인가요? 흰색인가요? 갈색인가요?

4. 문어는 천적을 쫓기 위해 무엇을 쏘나요?
   a) 우유　　　b) 먹물　　　c) 피

5. 어떤 종류의 게가 오래된 고둥 껍데기를 집으로 삼나요?

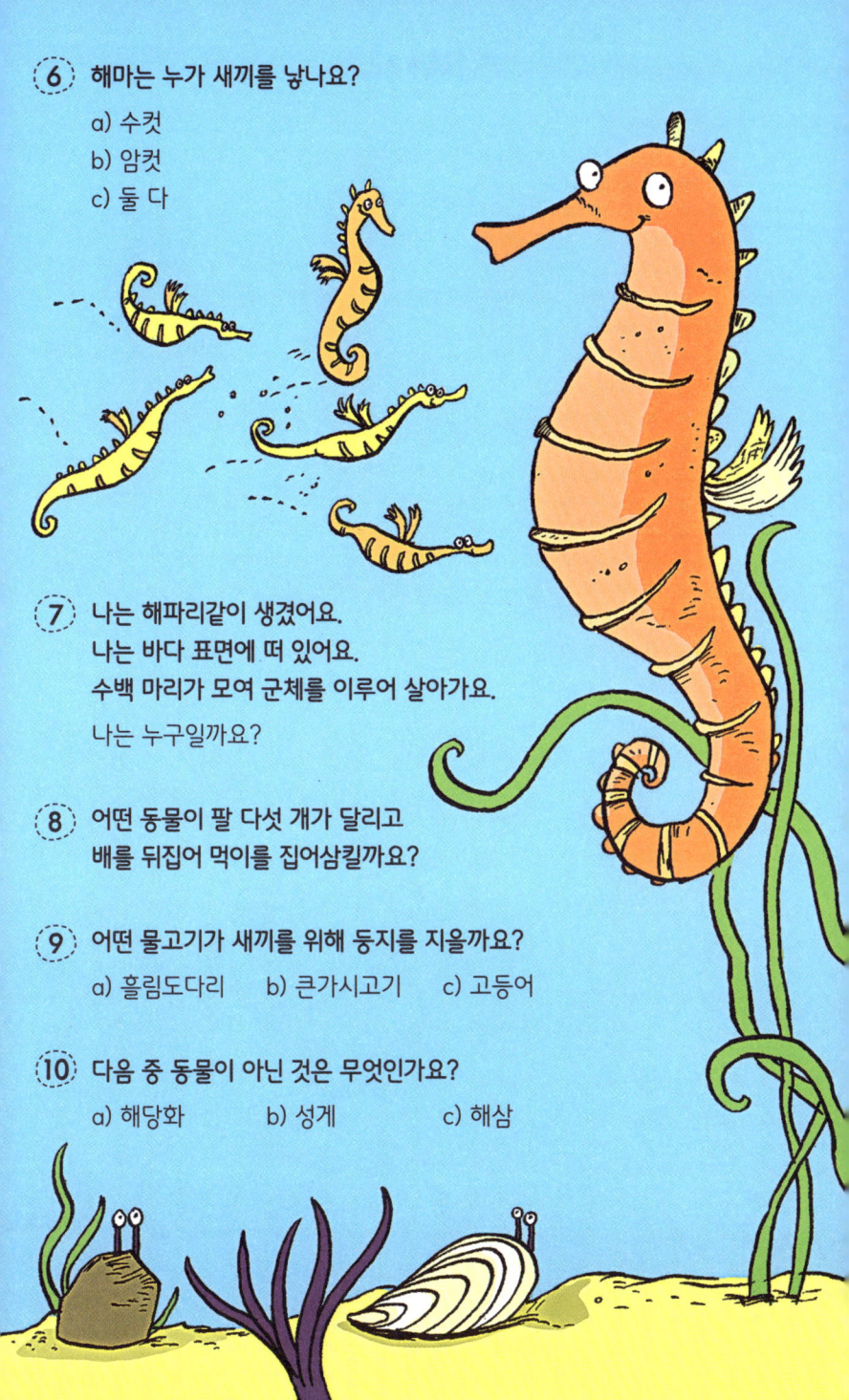

6 해마는 누가 새끼를 낳나요?
  a) 수컷
  b) 암컷
  c) 둘 다

7 나는 해파리같이 생겼어요.
  나는 바다 표면에 떠 있어요.
  수백 마리가 모여 군체를 이루어 살아가요.
  나는 누구일까요?

8 어떤 동물이 팔 다섯 개가 달리고
  배를 뒤집어 먹이를 집어삼킬까요?

9 어떤 물고기가 새끼를 위해 둥지를 지을까요?
  a) 흘림도다리   b) 큰가시고기   c) 고등어

10 다음 중 동물이 아닌 것은 무엇인가요?
  a) 해당화   b) 성게   c) 해삼

설치류

1. 세계에서 가장 큰 설치류는 카피바라예요.
   카피바라와 비슷한 크기의 동물은 무엇인가요?
   a) 고양이   b) 양   c) 당나귀

2. 만화 캐릭터인 앨빈, 사이먼, 테오도르는 어떤 동물인가요?
   a) 생쥐   b) 청설모   c) 다람쥐

3. 생쥐는 얼마나 높은 데서 떨어져도
   살 수 있나요?
   a) 집 지붕
   b) 크레인 꼭대기
   c) 순항하는 점보제트기

4. 청설모는
   겨울잠을 자나요?

5. 암컷 쥐는 손자를 몇 마리나
   가질 수 있을까요?
   a) 15마리
   b) 150마리
   c) 1500마리

6. 어떤 종류의 설치류가 중세 유럽에 벼룩을 옮겨 흑사병을 불러왔나요?
   a) 멧밭쥐   b) 곰쥐   c) 땃쥐

7. 생쥐가 통과할 수 있는 틈새의 넓이는 어떤 과일만 할까요?
   a) 라즈베리   b) 딸기   c) 자두

8. 『하멜른의 피리 부는 사나이』에서 피리 부는 사나이의 음악에 홀려 멀리 떠난 동물은 무엇인가요?

9. 아래 중 설치류가 아닌 것은 무엇인가요?
   a) 여우원숭이   b) 비버   c) 고퍼

10. 호저는 고슴도치와 비슷한 동물인가요?

북극과 남극

1. 북극곰의 피부색은 무슨 색인가요?
   a) 검은색 b) 하얀색 c) 분홍색

2. 나는 커다란 집단을 이루고 살아요.
   나는 거대한 갈색 민달팽이같이 생겼고,
   1미터 길이의 엄니를 가지고 있어요.
   나는 누구일까요?

3. 펭귄은 북극에 살까요?
   아니면 남극에 살까요?

4. 어떤 종류의 개들이 눈썰매를 끌고 달리나요?
   a) 래브라도 b) 독일 셰퍼드 c) 허스키

5. 황제펭귄은 알을 돌보는 동안 먹지 않고
   얼마나 오래 버틸 수 있나요?
   a) 2일
   b) 2주
   c) 2개월

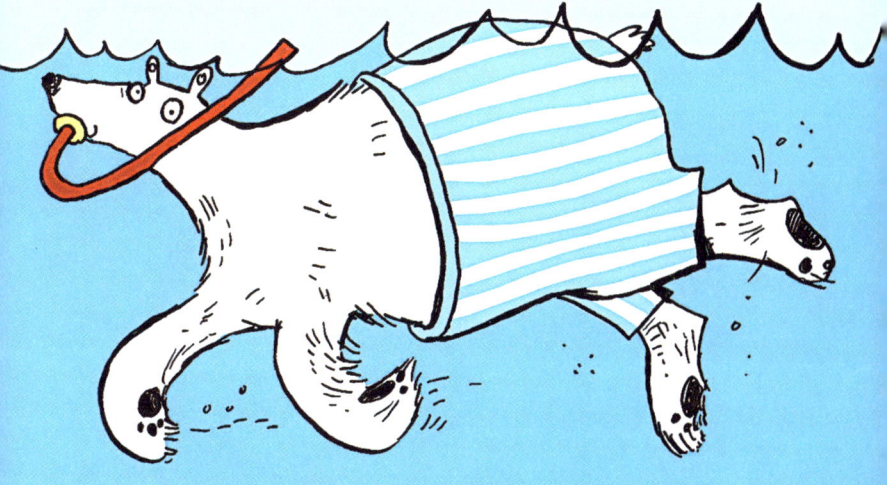

6. 북극곰은 멈추지 않고 얼마나 멀리 헤엄칠 수 있나요?
　a) 3킬로미터
　b) 80킬로미터
　c) 650킬로미터

7. 다음 중 산타의 순록들의 이름은 무엇인가요? 모두 골라요.
　대셔, 레인저, 프린스, 코멧, 클랜저, 블릿즌

8. 바다표범은 바다에서 잘 수 있나요?

9. 무엇이 북극이나 남극에 살지 않나요?
　울버린, 눈표범, 바다표범, 사향소, 흰올빼미

10. 북극제비갈매기는 북극에서 남극으로 갔다가 다시 돌아와요. 이렇게 왔다 갔다 하는 거리는 얼마인가요?
　a) 2,500킬로미터
　b) 7만 5,000킬로미터
　c) 12만 킬로미터

도마뱀

1. 세상에서 가장 큰 도마뱀은 무엇인가요?
   a) 아메리카독도마뱀
   b) 왕도마뱀
   c) 코모도왕도마뱀

2. 대부분의 도마뱀은 알을 낳아요.
   진실일까요? 거짓일까요?

3. 이것은 어떤 종류의
   도마뱀인가요?

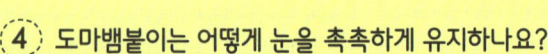

4. 도마뱀붙이는 어떻게 눈을 촉촉하게 유지하나요?
   a) 눈으로 땀을 흘려요.
   b) 눈을 핥아요.
   c) 자주 눈을 깜빡여요.

5. 다음 중 어느 도마뱀이
   물 위를 달릴 수 있나요?
   a) 난쟁이카멜레온
   b) 바실리스크
   c) 바다이구아나

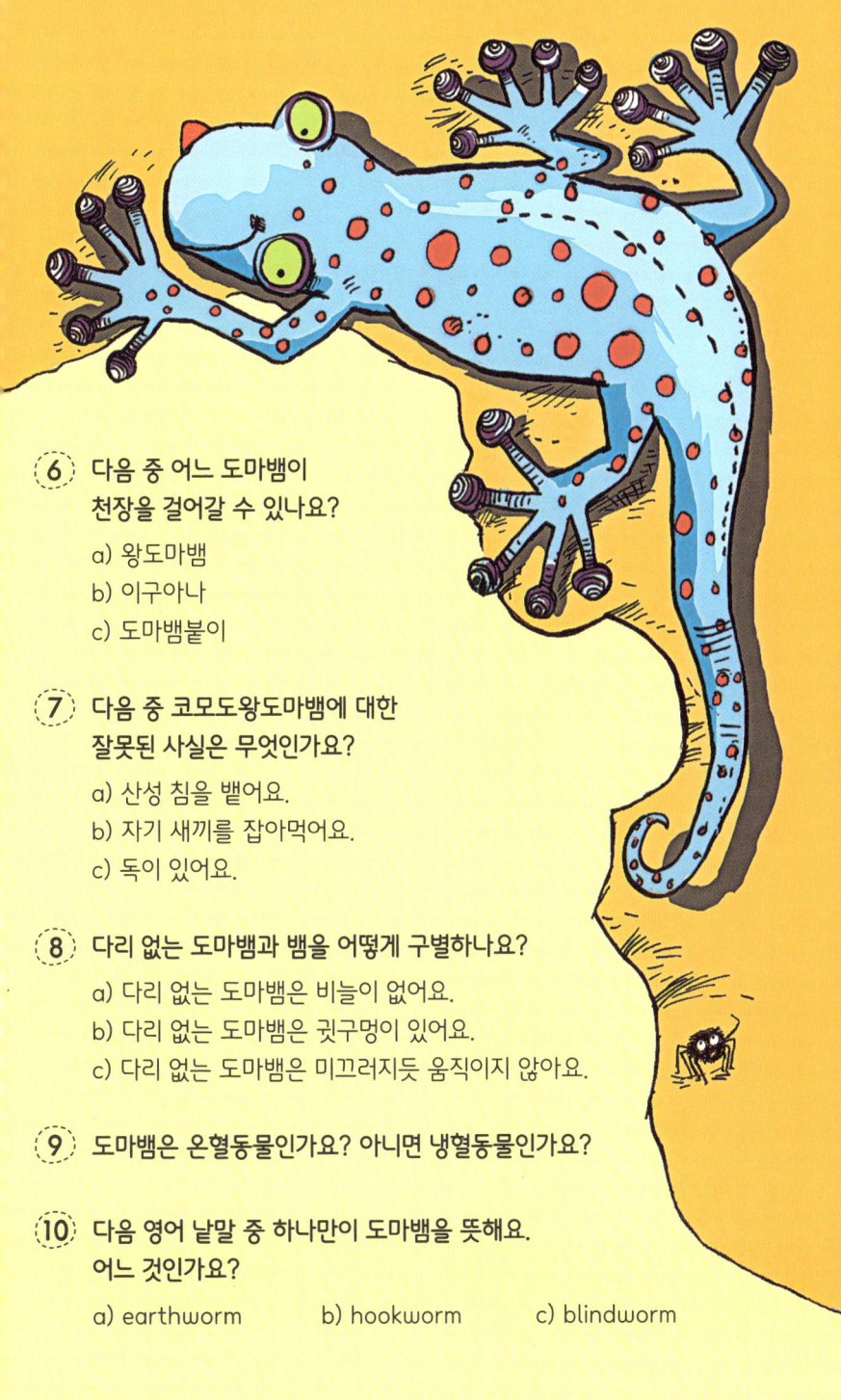

6. 다음 중 어느 도마뱀이 천장을 걸어갈 수 있나요?
   a) 왕도마뱀
   b) 이구아나
   c) 도마뱀붙이

7. 다음 중 코모도왕도마뱀에 대한 잘못된 사실은 무엇인가요?
   a) 산성 침을 뱉어요.
   b) 자기 새끼를 잡아먹어요.
   c) 독이 있어요.

8. 다리 없는 도마뱀과 뱀을 어떻게 구별하나요?
   a) 다리 없는 도마뱀은 비늘이 없어요.
   b) 다리 없는 도마뱀은 귓구멍이 있어요.
   c) 다리 없는 도마뱀은 미끄러지듯 움직이지 않아요.

9. 도마뱀은 온혈동물인가요? 아니면 냉혈동물인가요?

10. 다음 영어 낱말 중 하나만이 도마뱀을 뜻해요. 어느 것인가요?
    a) earthworm   b) hookworm   c) blindworm

개구리와 두꺼비

1. 개구리와 두꺼비는 어떤 종류의 동물인가요?
   a) 파충류　　　b) 양서류　　　c) 포유류

2. 세상에서 가장 작은 동물은 무엇만큼 작을까요?
   a) 코코넛　　　b) 호두　　　c) 땅콩

3. 세상에서 가장 독성이 강한 개구리의 색깔은 어떨까요?
   a) 황금색
   b) 빨간색과 파란색
   c) 라임색

4. 작은 코키개구리는 무엇만큼 시끄러운가요?
   a) 초인종
   b) 화재경보기
   c) 배의 경적

5. 어떤 개구리는 스스로 손목의 뼈를 부러뜨려서 피부 바깥으로 밀어내 발톱을 만들어요. 이름이 무엇일까요?
   ＿＿ ＿＿ 개구리

6) 개구리는 이빨이 있나요?

7) 왜 개구리는 눈알을 머릿속으로 잡아당기나요?
   a) 스스로를 나뭇잎으로 위장하기 위해서
   b) 공격받을 때 스스로를 보호하기 위해서
   c) 목구멍으로 음식을 밀어넣는 것을 돕기 위해서

8) 오스트레일리아에 이 두꺼비를 들여와 사탕수수 딱정벌레를 잡아먹게 했어요. 그런데 걷잡을 수 없이 그 수가 늘어나 퍼져 버렸어요. 이 두꺼비는 무엇인가요?
   a) 수수두꺼비   b) 내터잭두꺼비   c) 숲두꺼비

9) 〈더 머펫 쇼〉에서 미스 피기는 어떤 개구리와 사랑에 빠졌나요?
   a) 포지
   b) 커밋
   c) 곤조

10) 두꺼비는 사마귀를 옮겨요.
    진실일까요? 거짓일까요?

해가 진 뒤

① 각 올빼미에 맞는 울음소리와 짝지어 주세요.
   a) 수컷   1) 후-윗
   b) 암컷   2) 후-후

② 야행성 동물 중 지구에서 가장 일반적인 포식자는 누구인가요?

③ 나비와 파리를 닮은 곤충으로 주로 밤에 눈에 띄어요. 누구일까요?

④ 여우가 겨울잠을 자나요?

⑤ 오소리와 가장 닮은 동물은 무엇인가요?
   a) 곰   b) 족제비   c) 쥐

6. 나는 갈색 새예요.
   나는 아름다운 목소리를 가졌고, 밤에 자주 노래를 불러요.
   나는 유명한 간호사와 같은 이름을 가졌어요.
   나는 누구일까요?

7. 고슴도치는 어떤 소리를 내나요?
   a) 콧방귀 b) 짖는 소리 c) 가르랑거리는 소리

8. 어떤 동물이 윌리엄 블레이크가 쓴 시의 이 구절을 완성하나요?
   "___ ___ ___ 여! 한밤중 숲속에서 눈부시게 타오르는구나!"

9. 두더지는 오직 밤에만 활동해요.
   진실일까요? 거짓일까요?

10. 이 동물은 어떤 종류인가요?
    땅다람쥐인가요? 안경원숭이인가요?

박쥐

1. 박쥐는 어떤 종류의 동물인가요?
   a) 포유류
   b) 파충류
   c) 조류

2. 모든 박쥐가 동굴 속에서 자나요?

3. 흡혈박쥐는 피만 먹어요.
   진실일까요? 거짓일까요?

4. 박쥐는 밤에 이것을 이용해 사냥해요. 무엇일까요?
   a) 달빛　　　b) 메아리　　　c) 냄새

5. 어떤 괴물이 박쥐로 변할 수 있나요?
   a) 메두사　　　b) 밴시　　　c) 드라큘라

⑥ **아기 박쥐는 영어로 뭐라고 부르나요?**

   a) pup
   b) chick
   c) kitten

⑦ **박쥐의 소리는 무엇만큼 큰가요?**

   a) 손뼉 소리
   b) 개 짖는 소리
   c) 자동차 경적 소리

⑧ **세계의 포유류 중 몇 퍼센트가 박쥐인가요?**

   a) 5퍼센트   b) 10퍼센트   c) 20퍼센트

⑨ **세상에서 가장 큰 박쥐는 어떤 새만 한 크기인가요?**

   a) 울새   b) 갈매기   c) 독수리

⑩ **박쥐 똥은 무엇을 만드는 데 사용하나요?**

   a) 화약
   b) 시멘트
   c) 향수

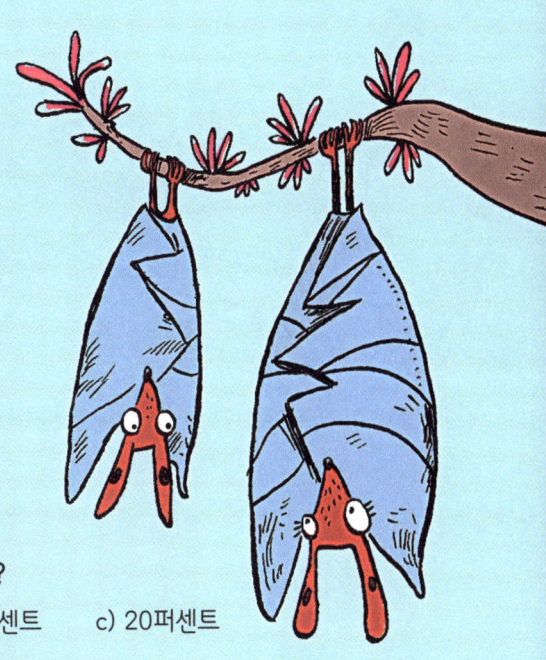

뛰어오르고 튀어 오르기

1. 벼룩이 사람만 한 크기였다면, 벼룩의 도약은 이것을 뛰어넘는 것과 마찬가지일 거예요. 이것은 무엇일까요?
   a) 버스   b) 고층 건물   c) 에베레스트산

2. 어떤 동물이 작은 캥거루같이 생겼나요?
   a) 딩고   b) 왈라비   c) 웜뱃

3. 귀뚜라미는 찌르르거리는 울음소리를 내요.
   이 소리는 날개를 서로 비벼서 내나요?
   아니면 다리를 비벼서 내나요?

4. 바다의 어떤 포유류가 물 안과 밖으로 뛰며 속도를 내나요?

5. 토끼는 따끔따끔한 쐐기풀을 먹어요.
   진실일까요? 거짓일까요?

(6) 큰 귀를 가지고 있고 캥거루처럼 뛰는 사막 동물의 이름은 무엇인가요?
   a) 프레리 도그
   b) 햄스터
   c) 날쥐

(7) 아기 산토끼는 영어로 뭐라고 할까요?
   a) leveret
   b) harekin
   c) kitten

(8) 태어났을 때 털이 없는 것은 산토끼인가요? 아니면 집토끼인가요?

(9) 긴팔원숭이는 나무 위에서 얼마나 넓은 간격도 매달려 건널 수 있나요?
   a) 자동차 길이
   b) 버스 길이
   c) 비행기 길이

(10) 캥거루는 거꾸로 깡충깡충 뛸 수 있나요?

고래와 돌고래

1. 대왕고래는 물줄기를 얼마만큼 높이 뿜을 수 있을까요?

   a) 1층 건물
   b) 3층 건물
   c) 6층 건물

2. 범고래는 정말 고래가 맞나요?

3. 어떤 동물의 머리 중앙에 3미터짜리 뿔이 있나요?

   a) 흰고래
   b) 북극고래
   c) 일각돌고래

4. 돌고래는 배꼽이 있나요?

5. 대왕고래는 단숨에 몇 개의 풍선을 불 수 있나요?

   a) 30개   b) 500개   c) 2000개

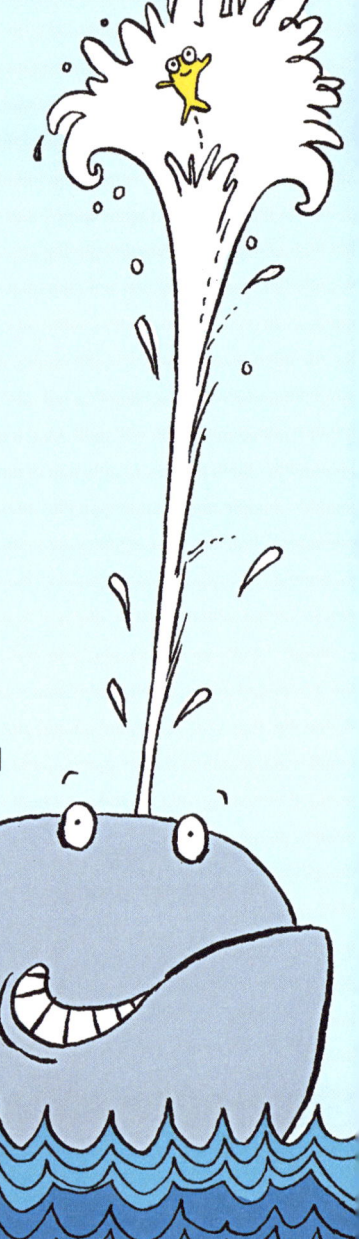

6. 성경 이야기 속에서 고래가 삼킨 사람의 이름은 무엇인가요?
   a) 욥　　　　b) 요나　　　　c) 예레미야

7. 돌고래 집단은 무엇이라 부르나요?
   a) 무리　　　b) 부대　　　　c) 족

8. 돌고래는 물을 마시나요?

9. 향유고래는 숨을 얼마나 오래 참을 수 있나요?
   a) 15분　　　b) 90분　　　　c) 하루

10. 대왕고래는 얼마나 먼 거리까지 의사소통을 할 수 있나요?
    a) 1.6킬로미터
    b) 800킬로미터
    c) 1,600킬로미터

스피드 왕

1. 가젤과 말이 달리기를 하면 누가 이길까요?

2. 꿀벌 벌새는 일초에 몇 번이나 날갯짓을 하나요?
   a) 10번　　　b) 80번　　　c) 400번

3. 다음 동물들을 가장 빠른 동물부터 순서대로 나열해 보세요.
   a) 나무늘보　　c) 백상아리
   b) 치타　　　　d) 바늘꼬리칼새

4. 나는 세상에서 가장 빠른 개예요.
   나는 다리가 길고 말랐어요.
   나는 가끔 경주로를 달려요.
   나는 누구일까요?

5. 치타는 얼마나 빠른 시간 안에 시속 0킬로미터에서 100킬로미터까지 속도를 낼 수 있나요?
   a) 3초
   b) 5초
   c) 7초

6 세상에서 가장 빠른 뱀은 무엇인가요?
   a) 독물총코브라　　b) 블랙맘바　　c) 아메리카살무사

7 생쥐의 심장은 1분에 몇 번 뛰나요?
   a) 200번
   b) 500번
   c) 1000번

8 지구에 살았던 동물 중 가장 빠른 새는 무엇인가요?
   a) 매
   b) 말똥가리
   c) 칼새

9 반디쿠트는 임신 기간이 얼마나 되나요?
   a) 12일　　b) 30일　　c) 46일

10 지구상 가장 빠른 물고기는 무엇인가요?
   a) 고등어　　b) 꼬치고기　　c) 새치

진실? 혹은 거짓?

1. 영국의 해안에 떠밀려 온 고래는 모두 여왕의 것이에요.
2. 고대 로마에서는 사람들이 고양이를 먹었어요.
3. 비둘기는 슬로 모션으로 세상을 보아요.
4. 펭귄은 날 수 있어요.
5. 잠자리는 사람을 물어요.
6. 상어는 물고기예요.
7. 암탉은 이빨이 있어요.
8. 갈매기는 물속에서 숨을 쉴 수 있어요.
9. 로드러너는 아주 빨리 달리는 새예요.
10. 침팬지는 망고로 야구를 해요.

⑪ 곤충을 잡기 위해 나무를 올라갈 수 있는 물고기가 있어요.

⑫ 박쥐는 동굴을 떠날 때 항상 왼쪽으로 돌아요.

⑬ 바다코끼리는 기린보다 무게가 많이 나가요.

⑭ 해파리는 95퍼센트가 물로 이루어져 있어요.

⑮ 생쥐는 치즈를 가장 좋아해요.

⑯ 코끼리는 절대 잊어버리지 않아요.

⑰ 유니콘은 14세기까지 살아 있었어요.

⑱ 집파리는 음식에 앉으면 토해요.

⑲ 딱따구리는 혀를 이용해 곤충들의 소리를 들어요.

⑳ 두더지는 장님이에요.

작은 동물들

1. 애벌레는 무엇을 먹나요?
   a) 나뭇잎
   b) 민달팽이
   c) 꿀

2. '두더지'와 초성이 같은 작은 설치류는 무엇인가요?

3. 다음 중 어떤 동물이 알을 낳나요?
   a) 고양이
   b) 카멜레온
   c) 다람쥐

4. 이루칸지 해파리는 고작 1센티미터 넓이지만 독은 킹코브라보다 강해요. 얼마만큼 강할까요?
   a) 5배
   b) 10배
   c) 100배

5. 세상에서 가장 크기가 작은 개 종류는 무엇인가요?
   a) 푸들   b) 폭스 테리어   c) 치와와

(6) 겨울잠쥐는 평생 동안 얼마만큼을 자면서 보내나요?
   a) 25퍼센트   b) 75퍼센트   c) 95퍼센트

(7) 이집트 피라미드에는 어떤 포유류가 살고 있나요?
   a) 무덤쥐   b) 무덤박쥐   c) 무덤고양이

(8) 갓 태어난 캥거루를 들 수 있는 가장 작은 숟가락은 무엇인가요?
   a) 찻숟가락   b) 수프 숟가락   c) 국자

(9) 다음 중 올챙이부터 자라나지 않는 것은?
   a) 개구리
   b) 두꺼비
   c) 두더지

(10) 다음 중 고슴도치의 먹이는?
   a) 달팽이
   b) 생쥐
   c) 풀

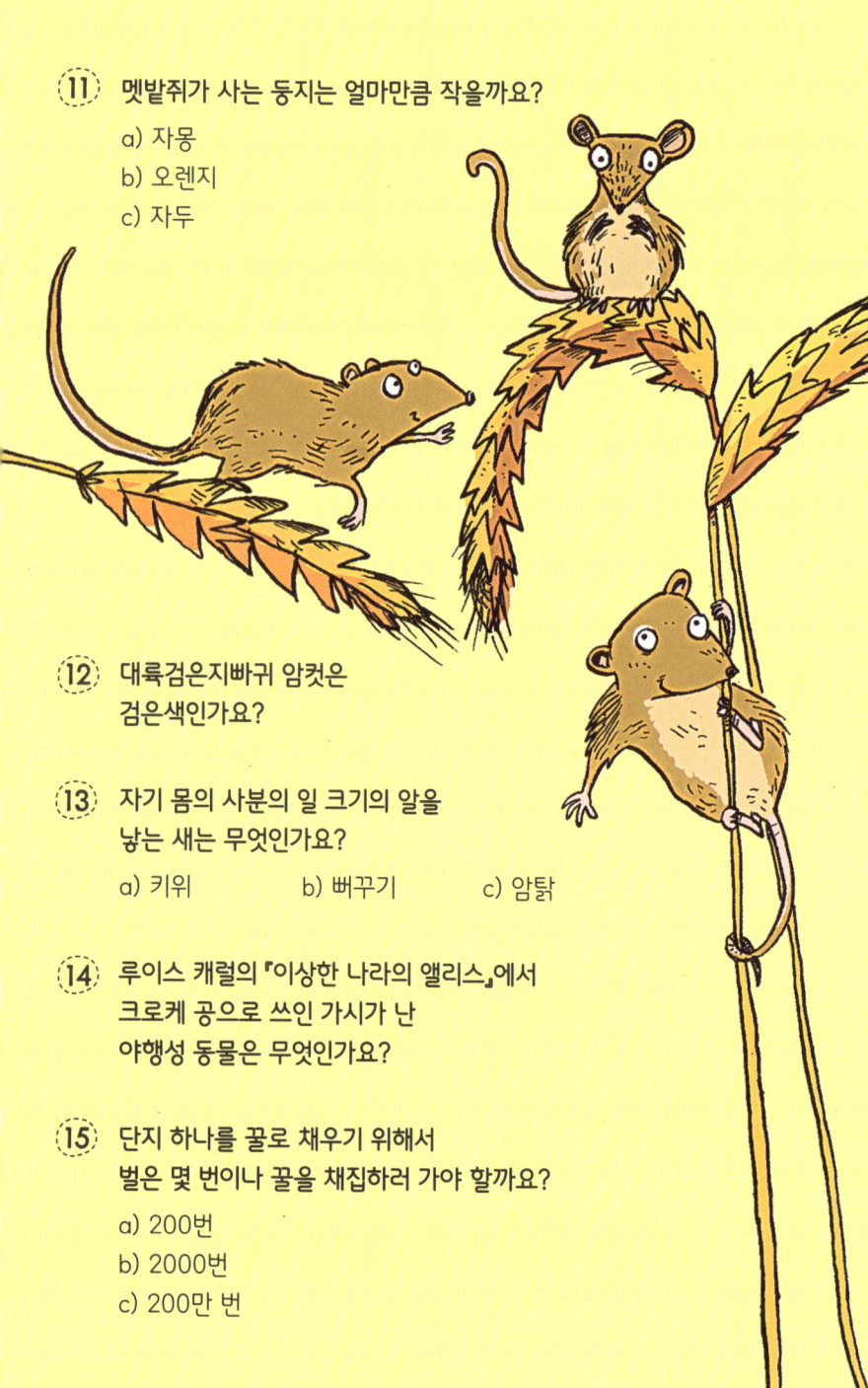

⑪ 멧밭쥐가 사는 둥지는 얼마만큼 작을까요?
   a) 자몽
   b) 오렌지
   c) 자두

⑫ 대륙검은지빠귀 암컷은
   검은색인가요?

⑬ 자기 몸의 사분의 일 크기의 알을
   낳는 새는 무엇인가요?
   a) 키위   b) 뻐꾸기   c) 암탉

⑭ 루이스 캐럴의 『이상한 나라의 앨리스』에서
   크로케 공으로 쓰인 가시가 난
   야행성 동물은 무엇인가요?

⑮ 단지 하나를 꿀로 채우기 위해서
   벌은 몇 번이나 꿀을 채집하러 가야 할까요?
   a) 200번
   b) 2000번
   c) 200만 번

열대 우림의 야생 동물

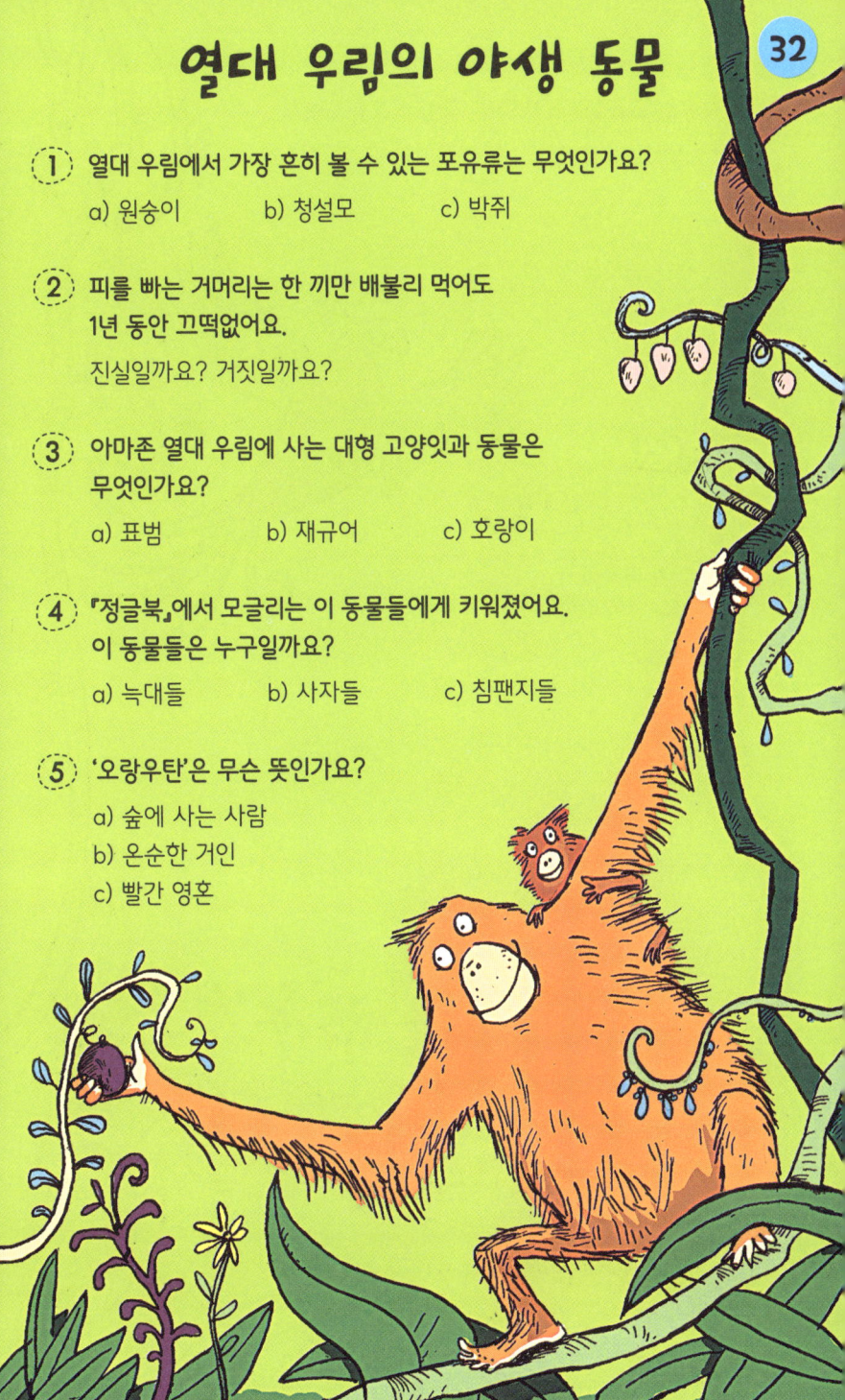

1. 열대 우림에서 가장 흔히 볼 수 있는 포유류는 무엇인가요?
   a) 원숭이   b) 청설모   c) 박쥐

2. 피를 빠는 거머리는 한 끼만 배불리 먹어도 1년 동안 끄떡없어요.
   진실일까요? 거짓일까요?

3. 아마존 열대 우림에 사는 대형 고양잇과 동물은 무엇인가요?
   a) 표범   b) 재규어   c) 호랑이

4. 『정글북』에서 모글리는 이 동물들에게 키워졌어요. 이 동물들은 누구일까요?
   a) 늑대들   b) 사자들   c) 침팬지들

5. '오랑우탄'은 무슨 뜻인가요?
   a) 숲에 사는 사람
   b) 온순한 거인
   c) 빨간 영혼

6. 서부로랜드고릴라의 학명은 '고릴라 고릴라'예요.
   진실일까요? 거짓일까요?

7. 앵무새는 둥지를 짓나요?

8. 어떤 아기 파충류가
   알 속에서 찍찍거리나요?
   a) 카멜레온   b) 악어   c) 코브라

9. 그린맘바는 대부분의 시간을 어디서 보내나요?
   a) 물속에서   b) 풀밭 속에서   c) 나무 안에서

10. 세상에서 가장 시끄러운 육지 동물은 무엇인가요?
    a) 짖는원숭이
    b) 비명올빼미
    c) 개코원숭이

위기의 동물들

1. 코뿔소의 생존을 가장 크게 위협하는 것은 무엇인가요?
   a) 지구 온난화
   b) 밀렵꾼
   c) 서식지가 사라짐

2. 카카포는 무엇인가요?
   a) 날지 못하는 앵무새
   b) 이빨이 없는 악어
   c) 털이 없는 두더지

3. 멸종 위기에 처한 양쯔강돌고래는 어느 나라에 사나요?
   a) 중국   b) 인도   c) 러시아

4. 태즈메이니아 호랑이는 표범 크기의 육식 동물로 언제 멸종했나요?
   a) 10세기
   b) 15세기
   c) 20세기

5. 도도새는 멸종하기 전 어디에서 살았나요?
   a) 뉴질랜드
   b) 갈라파고스 섬
   c) 모리셔스

⑥ 선원들이 인어로 착각한
멸종 위기의 동물은 무엇인가요?
a) 매너티
b) 돌고래
c) 몽크바다표범

⑦ 2008년 조사에 따르면 전 세계 포유류 중
멸종 위기에 처한 동물은 얼마나 되나요?
a) 1000종 중 1종   b) 200종 중 1종   c) 4종 중 1종

⑧ 들소는 영어로 뭐라고 부를까요?

⑨ 지구상에 살았던 모든 동물 종류 중 몇 퍼센트가 멸종했나요?
a) 5퍼센트   b) 55퍼센트   c) 99퍼센트

⑩ 다음 중 어떤 동물들이 지구 온난화로 인해 위기에 처했나요?
인도호랑이, 붉은여우, 장수거북

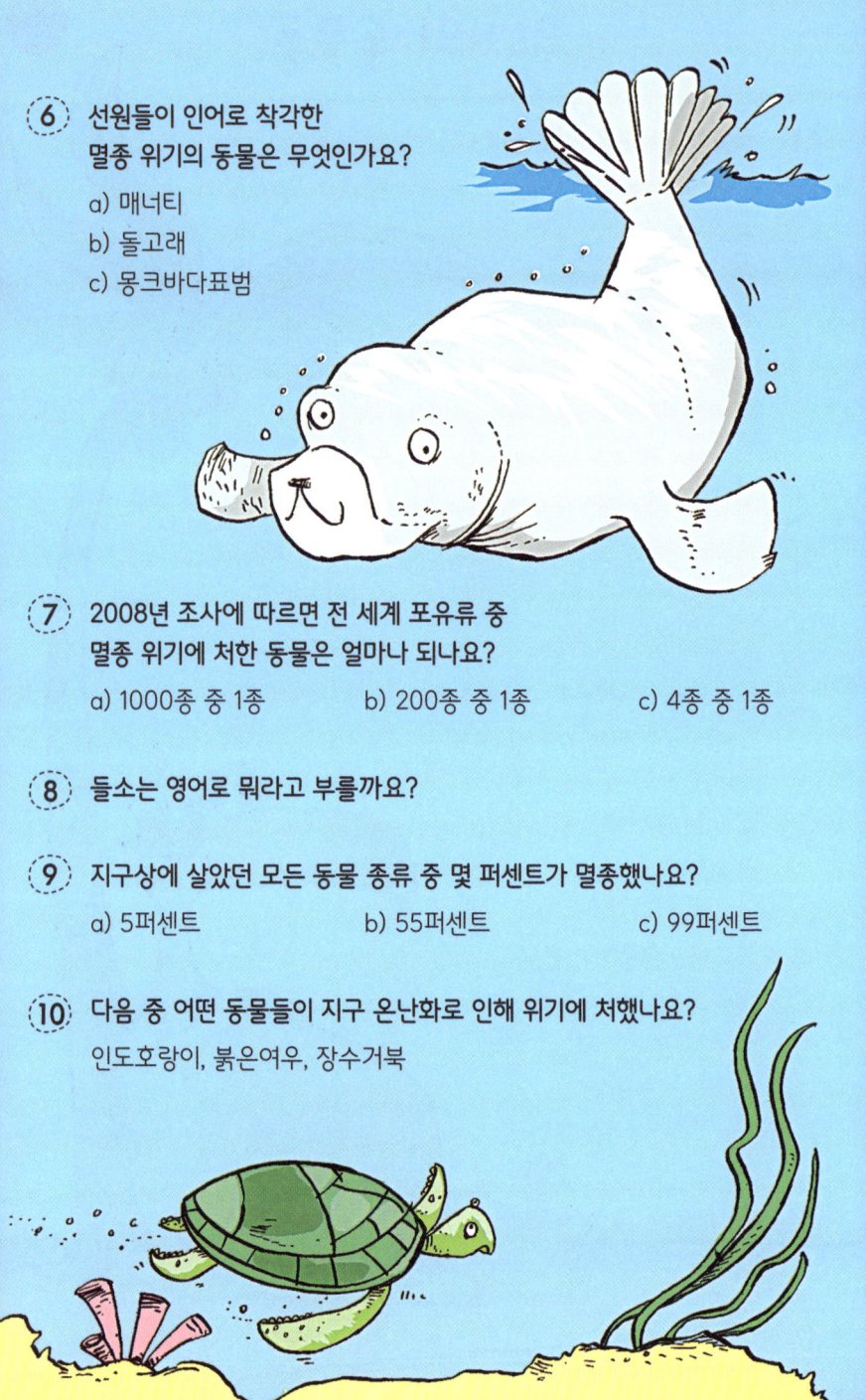

느리고 끈기 있게

① 나무늘보의 최대 속도는 얼마인가요?
   a) 시속 0.25킬로미터
   b) 시속 2.5킬로미터
   c) 시속 25킬로미터

② 거친 지형에서 짐을 운반할 때 이용하는 귀가 크고 느릿느릿한 동물은 무엇인가요?

③ 판다는 어디에 사나요?
   a) 인도   b) 중국   c) 필리핀

④ 다음 동물들이 경주를 한다면 어떤 순서대로 들어올까요? 꼴찌부터 나열해 보세요.
   a) 코알라   b) 나무늘보   c) 달팽이   d) 갈라파고스땅거북

⑤ 아래 영어 단어 중 진짜 동물은 무엇일까요?
   a) slow worm   b) slow fish   c) slow snake

(6) 나는 움직일 수 있는 다리가 하나뿐이에요.
내 눈은 길고 가는 자루에 달려 있어요.
나는 등에 집을 메고 다녀요.
나는 누구일까요?

(7) 산토끼와 거북이 이야기에서
산토끼는 왜 경주에서 졌나요?
  a) 발을 다쳐서
  b) 낮잠을 자서
  c) 길을 잃어버려서

(8) 코알라는 무엇을 먹나요?
  a) 대나무
  b) 팜파스
  c) 유칼립투스

(9) 코끼리거북은
몇 세까지 살았다고
기록되어 있나요?
  a) 55세
  b) 155세
  c) 255세

(10) 민달팽이는
알을 낳나요?

극단적인 동물들

35

① 사람이 킹코브라에게 물리면 얼마만큼 버틸 수 있나요?
   a) 15초　　　　b) 15분　　　　c) 15시간

② 전기뱀장어의 전기 충격은
   사람을 죽일 수 있을 만큼 강한가요?

③ 말레이시아개미는
   어떻게 집을 지키나요?

   a) 물어서
   b) 산성 침을 뱉어서
   c) 폭발해서

④ 몸통이 볼링공 크기만 한 문어는
   어떤 크기의 구멍을 통과할 수 있을까요?
   a) 탁구공　　　　b) 테니스공　　　　c) 볼링볼

⑤ 똥으로 영역을 표시하기 위해 꼬리를
   프로펠러처럼 돌리는 동물은 누구인가요?
   a) 하마　　　　b) 혹멧돼지　　　　c) 태즈메이니아 데빌

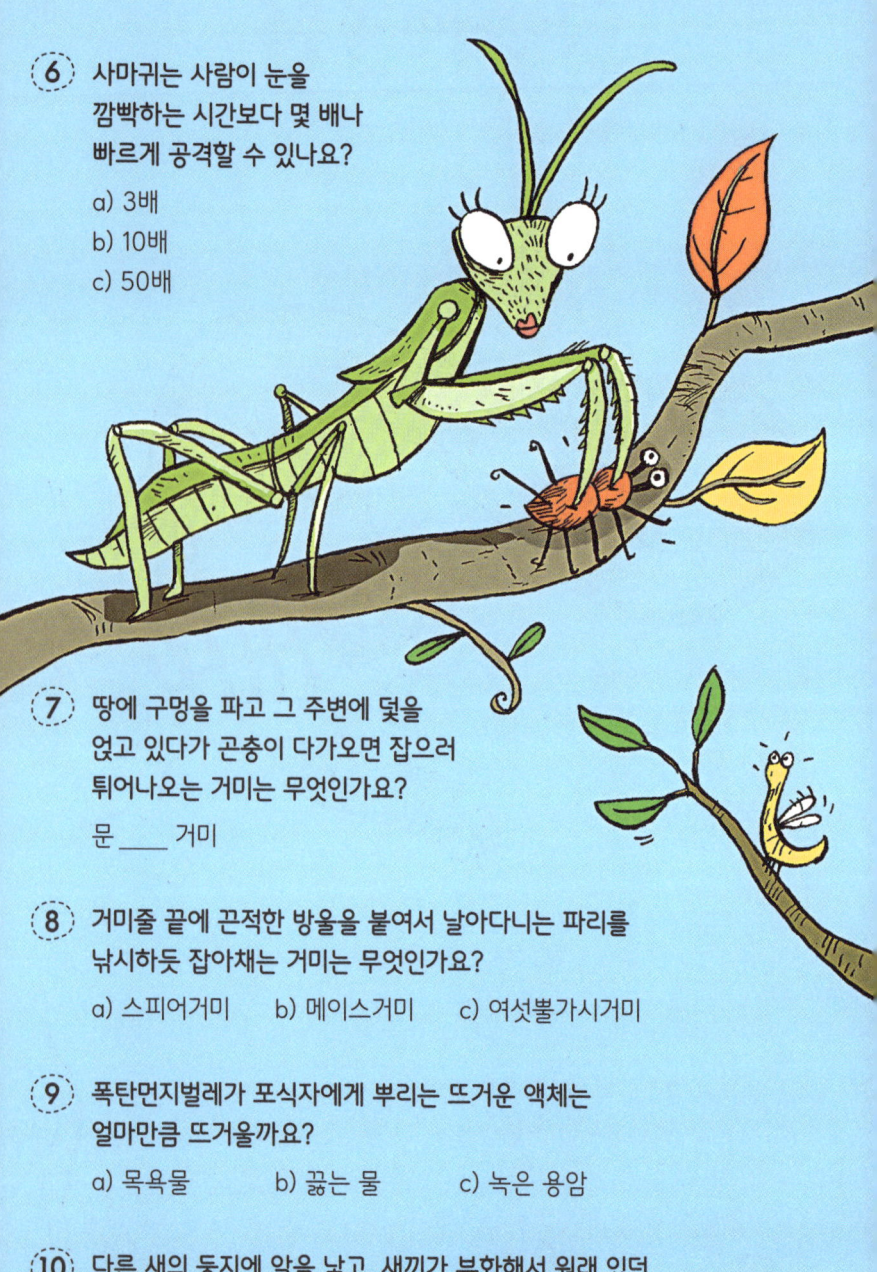

6) 사마귀는 사람이 눈을 깜빡하는 시간보다 몇 배나 빠르게 공격할 수 있나요?
   a) 3배
   b) 10배
   c) 50배

7) 땅에 구멍을 파고 그 주변에 덫을 얹고 있다가 곤충이 다가오면 잡으러 튀어나오는 거미는 무엇인가요?
   문____거미

8) 거미줄 끝에 끈적한 방울을 붙여서 날아다니는 파리를 낚시하듯 잡아채는 거미는 무엇인가요?
   a) 스피어거미   b) 메이스거미   c) 여섯뿔가시거미

9) 폭탄먼지벌레가 포식자에게 뿌리는 뜨거운 액체는 얼마만큼 뜨거울까요?
   a) 목욕물   b) 끓는 물   c) 녹은 용암

10) 다른 새의 둥지에 알을 낳고, 새끼가 부화해서 원래 있던 다른 알을 둥지 너머로 밀어내는 새는 누구인가요?
    a) 찌르레기   b) 까치   c) 뻐꾸기

곤충들

36

① 다음 중 곤충은 무엇인가요?
   a) 거미   b) 지네   c) 나비

② 사람보다 네 배는 높고 콘크리트만큼 단단한 구조물을 짓는 곤충은 무엇인가요?
   a) 아프리카꿀벌   b) 흰개미   c) 개미

③ 개미와 베짱이 이야기에서 베짱이는 개미에게 무엇을 부탁했나요?
   a) 황록색 배를 타고 떠나 달라고
   b) 겨울 동안 식량을 나눠 달라고
   c) 에그타르트를 구워 달라고

④ 쇠똥구리는 어떻게 이름을 얻게 되었나요?
   a) 똥을 먹어서
   b) 똥 냄새가 나서
   c) 똥 속에서 살아서

⑤ 왜 벌은 춤을 추나요?
   a) 누가 대장인지 보여 주기 위해
   b) 먹이가 어디 있는지 알려 주기 위해
   c) 위험을 알리기 위해

⑥ 반딧불이가 빛나는 이유가
  아닌 것은 무엇인가요?
   a) 짝을 유혹하기 위해
   b) 포식자를 막기 위해
   c) 가는 길을 비추기 위해

⑦ 메뚜기는 풀을 먹나요?

⑧ 바퀴벌레에 대한 다음 특징 중 거짓은 무엇인가요?
   a) 핵전쟁에서도 살아남을 수 있어요.
   b) 머리가 없어도 몇 주 동안 살 수 있어요.
   c) 우표 뒷면의 풀을 먹고 살 수 있어요.

⑨ 나는 크기가 큰 종류의 곤충이에요.
  나는 거대한 떼로 이동하며 하늘을 어둡게 만들어요.
  나는 성서 속에 등장하는 재앙이에요.
  나는 누구일까요?

⑩ 어둠 속에서 빛나는 땅벌레의 별명은
  무엇인가요?

다양한 이름

1. 다음 동물들을 알맞은 부모와 연결해 보세요.
   a) 노새   1) 수탕나귀, 암말
   b) 버새   2) 수말, 암탕나귀

2. 아기 거위는 영어로 뭐라고 부를까요?

3. 수달의 집을 뭐라고 부르나요?
   a) 굴   b) 빗장   c) 은신처

4. 각 동물과 그 수컷의 이름을 알맞게 연결해 보세요.
   a) 오리(duck)   1) gander
   b) 돼지(pig)   2) drake
   c) 거위(goose)   3) boar

5. 암컷 여우는 영어로 뭐라고 부르나요?

6) 말을 뜻하는 다양한 영어 단어를
알맞은 뜻과 짝지어 보아요.

   a) colt   1) 수말
   b) filly   2) 갓 태어난 말
   c) mare   3) 어린 암말
   d) stallion   4) 어린 수말
   e) foal   5) 암말

7) 오소리 집은
뭐라고 부르나요?

8) 당나귀의 수컷은
'수탕나귀'라고 해요.
암컷 당나귀는 뭐라고 할까요?

9) 아기 염소는 영어로 뭐라고 할까요?
   a) lamb   b) kid   c) fawn

10) 암컷 공작새는 영어로
뭐라고 할까요?

심해의 동물들

38

1. 다음 동물들을 가장 깊은 곳에 사는 순서대로 나열해 보세요.
   a) 고래상어   b) 해마   c) 바이퍼피시

2. 심해 동물이 아닌 것은 무엇인가요?
   a) 흡혈오징어   b) 마귀상어   c) 트롤피시

3. 남극하트지느러미오징어는 버스보다 길어요.
   진실일까요? 거짓일까요?

4. 『백경』에서 에이햅 선장이 사냥한 허구의 바다 괴물은 무엇인가요?
   a) 모비딕   b) 히드라   c) 리바이어던

5. 참치과 물고기는 얼마나 깊은 바닷속에서 잡히나요?
   a) 1.5킬로미터
   b) 8킬로미터
   c) 16킬로미터

6. 밝은 빛으로 먹잇감을 유인하는 물고기는 무엇인가요?

⑦ 심해 등각류는 바다 밑바닥을 기어 다니고
사람 아기 크기만큼 자라나요.
어떤 동물과 가장 닮았을까요?
   a) 민달팽이   b) 쥐며느리   c) 노래기

⑧ '크라켄'이라 불리는 전설 속 바다 괴물은
어떤 동물과 가장 닮았나요?
   a) 백상아리
   b) 전기뱀장어
   c) 대왕오징어

⑨ 심해어는 수면 위로
올라올 경우 죽을까요?

⑩ 이 장어의 이름은 무엇인가요?
   a) 대주가 장어
   b) 큰입 장어
   c) 욕심쟁이 장어

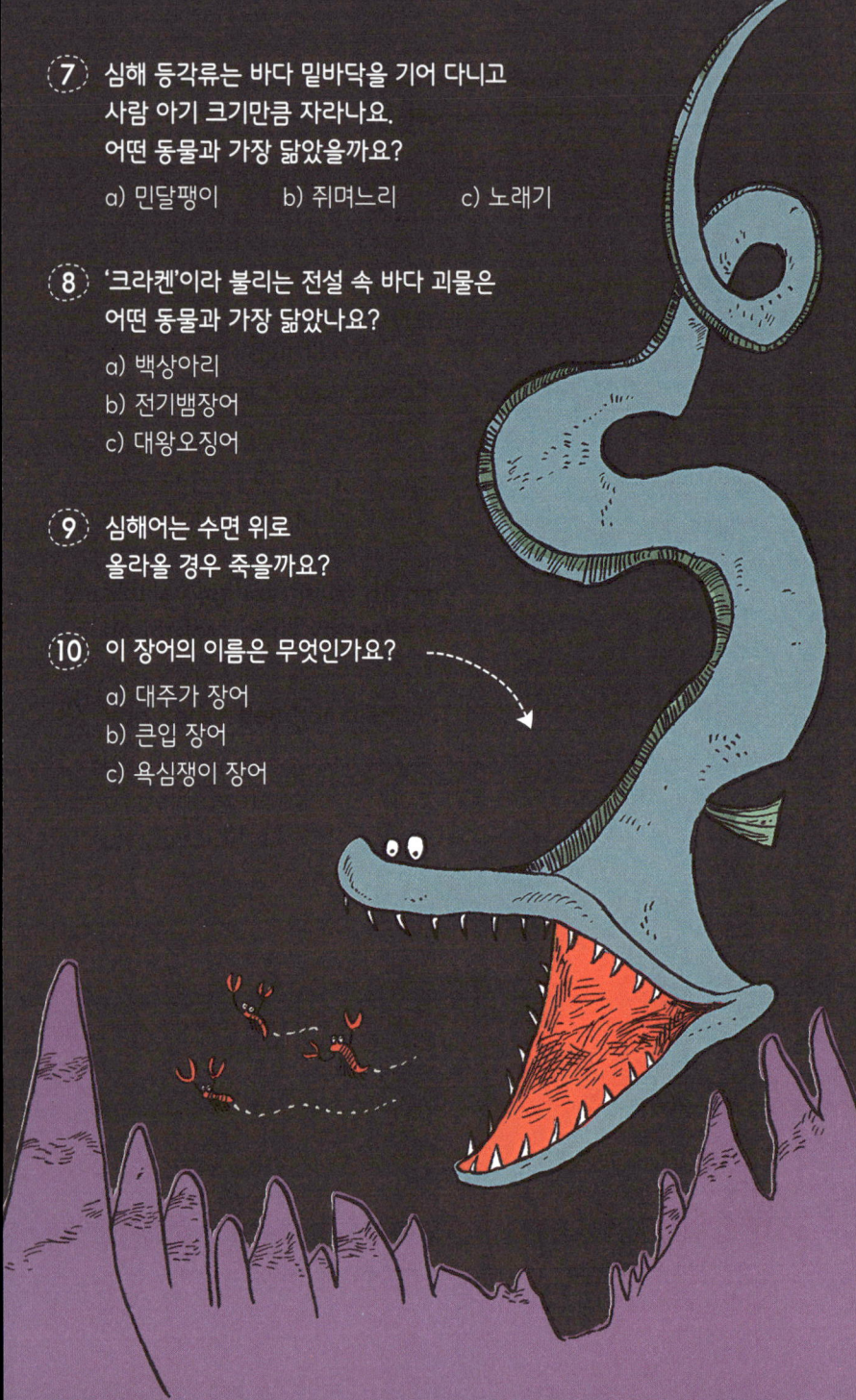

코끼리

1. 코끼리는 몇 가지 종류가 있나요?
   a) 1가지　　b) 2가지　　c) 3가지

2. 코끼리 한 마리가 하루 동안 마시는 물은 몇 개의 콜라 캔을 채울 수 있나요?
   a) 50개　　b) 200개　　c) 600개

3. 인도코끼리와 아프리카코끼리 중 누가 더 큰가요?

4. 로마 제국을 공격하기 위해 군대와 코끼리를 이끌고 알프스 산맥을 넘은 것은 누구인가요?
   a) 알렉산더 대왕
   b) 한니발
   c) 칭기즈 칸

5. 코끼리는 음식을 씹을 때 이빨을 몇 개 사용하나요?
   a) 4개
   b) 32개
   c) 56개

(6) 코끼리의 몸 중에 근육이 10만 개 있지만 뼈가 하나도 없는 부분은 어디인가요?

(7) 러디어드 키플링의 『바로 그런 이야기들 Just so stories』에서 코끼리는 어떻게 긴 코를 갖게 되었나요?

   a) 거짓말을 많이 해서
   b) 주술사의 저주를 받아서
   c) 악어가 코를 잡아당겨서

(8) 코끼리는 하루에 얼마나 많은 양의 똥을 싸나요?

   a) 양동이 1개   b) 양동이 5개   c) 양동이 10개

(9) 코끼리와 생쥐 중 누가 더 높이 뛸 수 있나요?

(10) 코끼리가 진흙 목욕을 하는 이유는 뭘까요?

   a) 진흙으로 자외선을 차단하려고
   b) 진흙으로 위장하려고
   c) 진흙이 향수라서

여러 종류의 동물들

(1) 지구에서 가장 흔한 종류의 포유류는 무엇인가요?
 a) 쥐 b) 개 c) 인간

(2) 차가운 공기는 사람에게 무엇을 돋게 하나요?
 a) 닭살 b) 개살 c) 토끼살

(3) 다음 영화 제목을 완성하세요.
 〈101마리의 _____ 〉
 a) 독일 셰퍼드 b) 달마티안 c) 갑각류

(4) 펭귄은 날갯짓을 해서 헤엄칠까요?
 아니면 발장구를 쳐서 헤엄치까요?

(5) 하이에나의 똥은 무슨 색일까요?
 a) 갈색
 b) 흰색
 c) 빨간색

6) 로마 황제 중 자신의 말에게 정부의 관직을 주고자 했던 황제는 누구였나요?

   a) 율리우스 카이사르   b) 네로   c) 칼리굴라

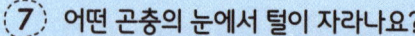

7) 어떤 곤충의 눈에서 털이 자라나요?

   a) 꿀벌   b) 나방   c) 대벌레

8) 나는 정글에서 유인원들에게 길러졌고,
   나무 사이를 매달려 이동하며 가슴을 쳤어요.
   나는 '제인'이라고 하는 아내가 있어요.
   나는 누구일까요?

9) 하마는 어떤 동물과 가장 밀접한 관련이 있을까요?

   a) 코뿔소
   b) 고래
   c) 코끼리

10) 다음 중 당근을 좋아하는 만화 캐릭터는 누구일까요?

    a) 벅스 버니   b) 대피 덕   c) 미키 마우스

(11) 어떤 동물이 한꺼번에 겉 피부를 벗어던지고 죽은 피부 '껍데기'를 남기나요?
   a) 지렁이   b) 민달팽이   c) 뱀

(12) 유명한 골프 선수는 누구인가요?
   a) 베어 우즈   b) 타이거 우즈   c) 이글 우즈

(13) 촌충은 사람의 창자에 달라붙어요. 얼마나 길게 자랄 수 있나요?
   a) 15밀리미터   b) 15센티미터   c) 15미터

(14) 존키는 얼룩말과 당나귀 사이에 태어난 잡종이에요.
   진실일까요? 거짓일까요?

(15) 바다코끼리의 엄니는 얼마나 길게 자랄 수 있나요?
   a) 20센티미터
   b) 50센티미터
   c) 1미터

호수와 강

1) 메기는 이것을 갖고 있어요. 이것은 무엇일까요?
   a) 털북숭이 피부   b) 북슬북슬한 꼬리   c) 긴 수염

2) 뱀장어는 대양을 건너 수천 마일을 헤엄쳐 어디에서 알을 낳나요?
   a) 사르가소해   b) 홍해   c) 카스피해

3) 나는 비버의 꼬리, 오리의 부리, 커다란 수달의 발을 가지고 있어요. 나는 누구일까요?

4) 『버드나무에 부는 바람』에 등장하는 물쥐의 이름은 무엇인가요?

5) 비버의 집을 무엇이라 부르나요?
   a) 굴   b) 요새   c) 댐

⑥ 강꼬치고기는 이빨이 있나요?

⑦ 전설적인 네스 호의 괴물은 어느 나라에 산다고 알려져 있나요?
   a) 캐나다　　　b) 스코틀랜드　　c) 노르웨이

⑧ 수달은 낮에 사냥하나요? 밤에 사냥하나요? 밤낮으로 사냥하나요?

⑨ 비버는 어떻게 경고 신호를 보내나요?
   a) 나무를 갉아서 쓰러뜨려서
   b) 꼬리로 물을 쳐서
   c) 이빨을 딱딱거려서

⑩ 물총새는 나무에 둥지를 틀까요? 아니면 굴에 둥지를 틀까요?

낚시 금지

진실? 혹은 거짓?

1. 말벌은 꿀을 만들어요.
2. 중세시대 양은 오늘날보다 5배나 작았어요.
3. 간달프의 말은 '필로팩스'라고 불렸어요.
4. 태즈메이니아 데빌은 태즈메이니아에 살아요.
5. 중국 별자리의 열두 동물 중 한 마리는 펭귄이에요.
6. 캐비아는 오로지 생선 알로만 만들어져 있어요.
7. 개의 조상은 늑대예요.
8. 앵무새는 자기가 태어난 나라의 말만 따라 해요.
9. 미어캣은 일종의 고양이예요.
10. 클라크 켄트의 비밀스러운 정체는 배트맨이에요.

⑪ 야자집게는 집게발로 코코넛을 깨서 열어요.

⑫ <토이 스토리>에 등장하는 공룡의 이름은 렉스예요.

⑬ 발효한 청어는 사람이 만든 가장 냄새 나는 음식이에요.

⑭ 호반새는 영국 왕을 위해 물고기를 잡는 훈련을 받았어요.

⑮ 츄바카는 오스트레일리아 설치류의 한 종류예요.

⑯ 『오즈의 마법사』에서 사자는 뇌를 가지고 싶어 했어요.

⑰ 새들은 유일하게 살아 있는 공룡의 직계 자손이에요.

⑱ 타조의 눈은 뇌보다 커요.

⑲ 오리의 꽥꽥 우는 소리는 메아리치지 않아요.

⑳ 땅돼지는 하룻밤 사이에 5만 마리의 흰개미를 먹어요.

㉑ 북극의 얼음 벌레는 빙하 속에서 살고 따뜻한 공기 속에서 녹아요.

㉒ 세상에 존재한 가장 큰 육지 포유류는 캥거루의 한 종류예요.

㉓ 나무늘보는 몸을 떨지 못하는 유일한 포유류예요.

㉔ 돌고래는 때때로 물에 빠진 사람을 구해 줘요.

㉕ 말코손바닥사슴의 뿔은 매일 2.5센티미터씩 자라요.

㉖ 햄스터는 쳇바퀴 안에서 항상 시계 방향으로 달려요.

㉗ 봉고는 원숭이의 한 종류예요.

㉘ 웨일스의 국기에는 용이 그려져 있어요.

㉙ 소는 위를 네 개 가지고 있어요.

㉚ 기린은 물을 마시지 않고서 낙타보다 더 오래 견딜 수 있어요.

껍데기가 있는 동물

43

1. 게는 몇 개의 다리로 걷나요?

2. 달팽이는 칼날 위에서 베이지 않고 기어갈 수 있어요.
   진실일까요? 거짓일까요?

3. 바닷가재에 대한 다음 특징 중 거짓은 무엇인가요?
   a) 한때는 주로 노예에게 먹였어요.
   b) 요리사가 산 채로 삶으면 비명을 질러요.
   c) 100년 넘게 살 수 있어요.

4. 어떤 동물의 껍데기 안에서 진주가 발견되나요?
   a) 고둥   b) 콩크   c) 굴

5. 아프리카대왕달팽이는 무엇을 가릴 수 있는 크기인가요?
   a) 손
   b) 얼굴
   c) 몸

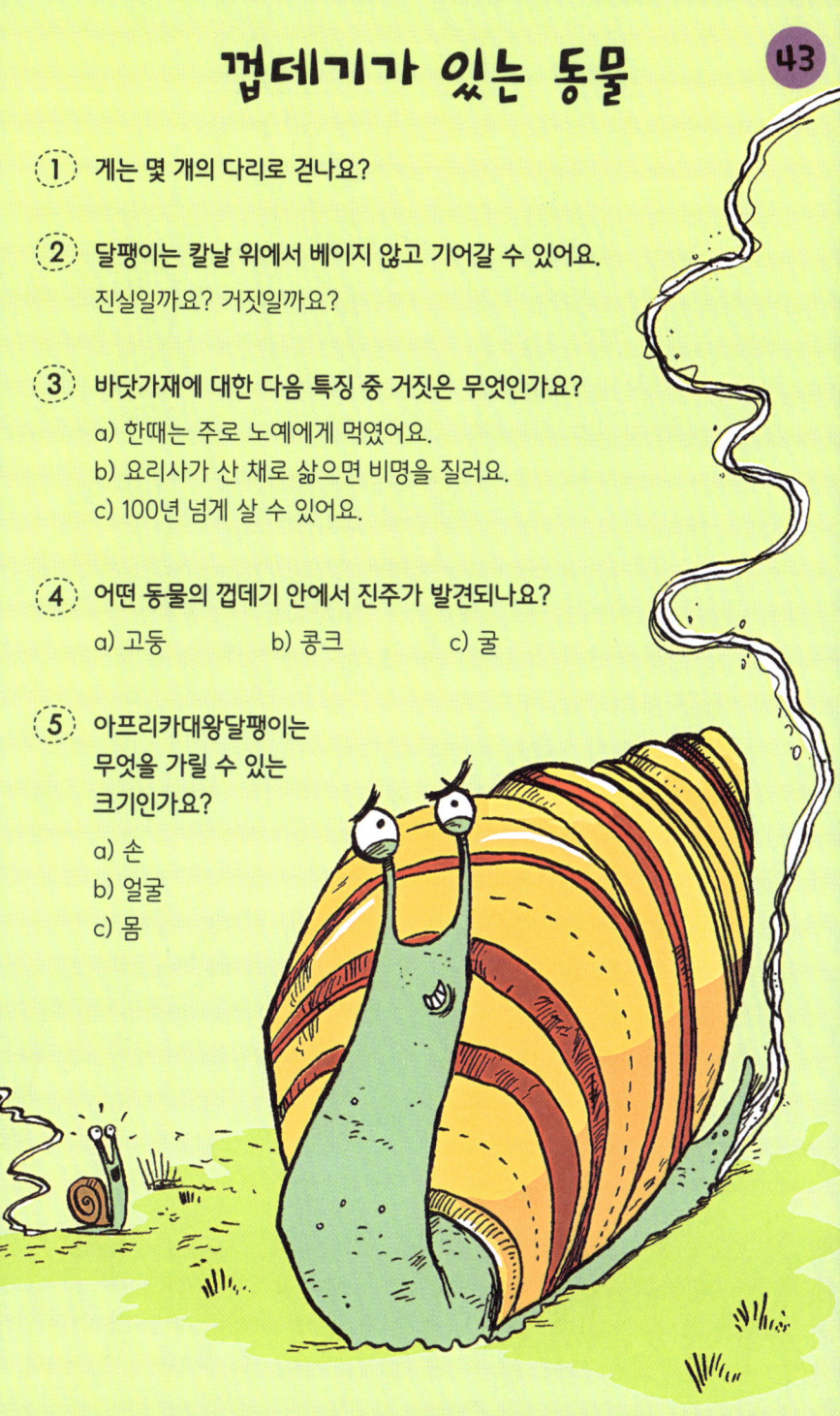

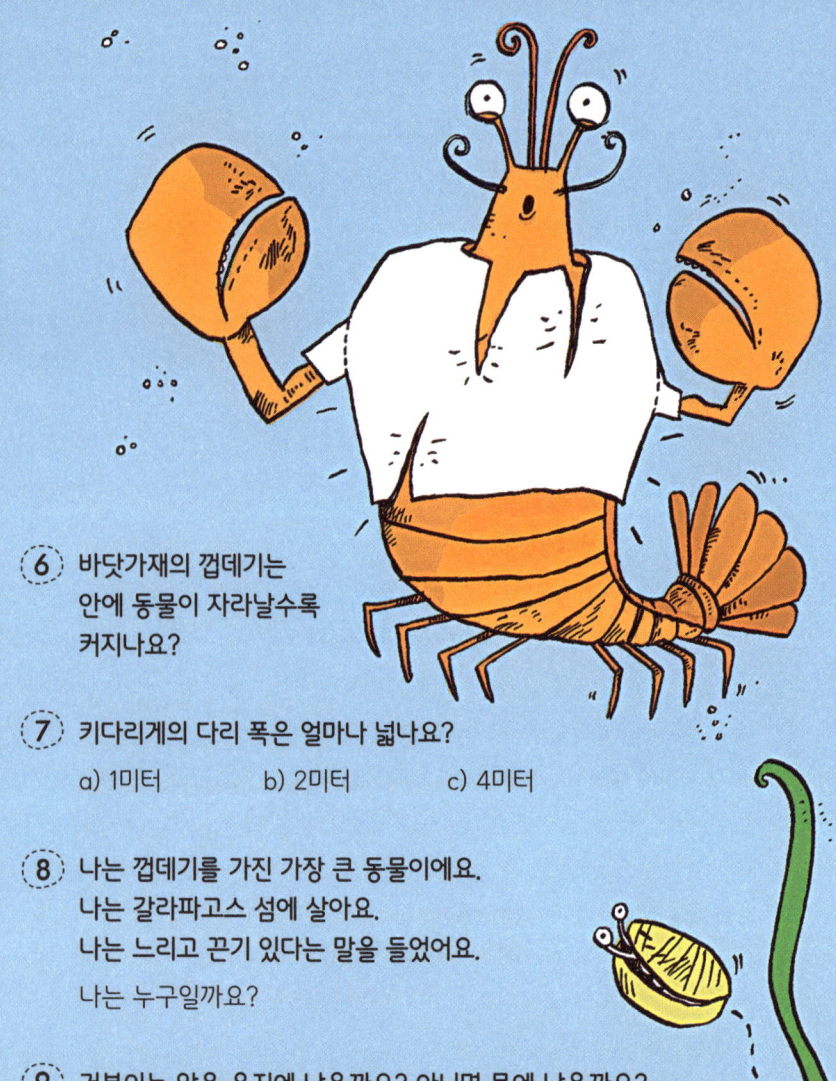

6. 바닷가재의 껍데기는 안에 동물이 자라날수록 커지나요?

7. 키다리게의 다리 폭은 얼마나 넓나요?
   a) 1미터   b) 2미터   c) 4미터

8. 나는 껍데기를 가진 가장 큰 동물이에요.
   나는 갈라파고스 섬에 살아요.
   나는 느리고 끈기 있다는 말을 들었어요.
   나는 누구일까요?

9. 거북이는 알을 육지에 낳을까요? 아니면 물에 낳을까요?

10. 가재는 누구의 작은 친척 같나요?
    a) 게   b) 가리비   c) 바닷가재

새

1. 남미의 새 중 타조같이 생긴 것은 무엇인가요?
   a) 레아   b) 키위   c) 앵무새

2. 다음 중 다른 특징을 가진 동물은 누구인가요?
   a) 홍학   b) 타조   c) 에뮤

3. 불에 타 죽은 뒤, 재에서 다시 부활하는 전설 속 새의 이름은 무엇인가요?

4. 흰머리수리는 머리가 흰가요?

5. 떠돌이 알바트로스는 육지에 내려앉지 않고 얼마나 버틸 수 있나요?
   a) 10일
   b) 10주
   c) 10년

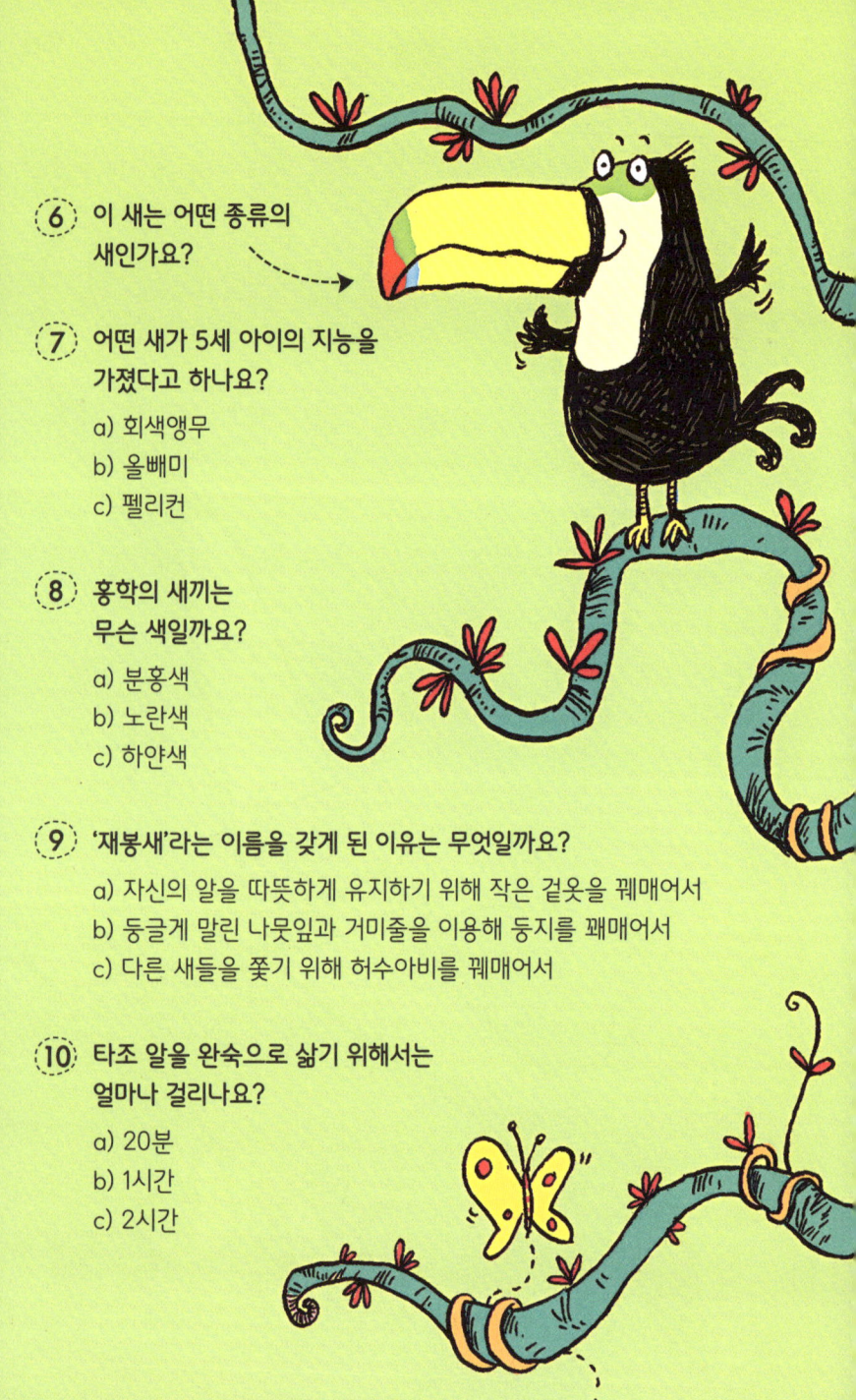

⑥ 이 새는 어떤 종류의 새인가요?

⑦ 어떤 새가 5세 아이의 지능을 가졌다고 하나요?
   a) 회색앵무
   b) 올빼미
   c) 펠리컨

⑧ 홍학의 새끼는 무슨 색일까요?
   a) 분홍색
   b) 노란색
   c) 하얀색

⑨ '재봉새'라는 이름을 갖게 된 이유는 무엇일까요?
   a) 자신의 알을 따뜻하게 유지하기 위해 작은 겉옷을 꿰매어서
   b) 둥글게 말린 나뭇잎과 거미줄을 이용해 둥지를 꽤매어서
   c) 다른 새들을 쫓기 위해 허수아비를 꿰매어서

⑩ 타조 알을 완숙으로 삶기 위해서는 얼마나 걸리나요?
   a) 20분
   b) 1시간
   c) 2시간

광활한 평야

1. 포식자들에게 자신이 얼마나 힘이 넘치는지 보여 주려고 위아래로 뛰는 동물은 누구인가요?
    a) 가젤　　　　b) 얼룩말　　　　　c) 누

2. 타조는 무엇을 먹나요?
    a) 지렁이　　　b) 물고기　　　c) 나뭇잎과 풀

3. 어떤 아프리카 포유류가 '흑사병'이라는 별명을 가지고 있나요?
    a) 코뿔소　　　　b) 표범　　　　c) 아프리카들소

4. 코뿔소의 뿔은 상아로 만들어졌어요.
    진실일까요? 거짓일까요?

5. 미어캣의 가장 큰 천적은 누구인가요?
    a) 맹금류
    b) 자칼
    c) 뱀

6. 얼룩말은 하얀 바탕에 검정 줄무늬인가요? 아니면 검정 바탕에 하얀 줄무늬인가요?

7. 아르마딜로는 어디에 사나요?
   a) 오스트레일리아
   b) 아프리카
   c) 아메리카 대륙

8. 하이에나는 개에 가깝나요? 아니면 고양이에 가깝나요?

9. 어떤 동물이 혀를 이용해 귀를 청소하나요?
   a) 기린
   b) 혹멧돼지
   c) 누

10. '티몬'이라는 이름의 미어캣과 '품바'라는 이름의 혹멧돼지가 나오는 영화는 무엇인가요?

여러 가지 색깔

(1) 작은 열대 동물들에게 밝은 색 무늬가 있는 것은 짝을 유혹하기 위해서인가요? 포식자들에게 독이 있다는 걸 알리기 위해서인가요?

(2) 기린의 혀는 무슨 색일까요?
   a) 파란색   b) 노란색   c) 초록색

(3) 어떤 종류의 원숭이가 거대하고 파란 엉덩이를 가졌나요?
   a) 짖는원숭이   b) 꼬리감는원숭이   c) 맨드릴개코원숭이

(4) 알비노 동물들은 항상 무슨 색일까요?
   a) 빨간색   b) 하얀색   c) 초록색

(5) 비버의 이빨은 무슨 색일까요?
   a) 하얀색
   b) 파란색
   c) 주황색

6. 어떤 동물이 전광판처럼 피부에 빛을 받아 반짝거리나요?
   a) 메기　　　　b) 오징어　　　　c) 쏨뱅이

7. 어떤 새의 부리가 파란색, 노란색, 빨간색인가요?
   a) 카나리아　　b) 댕기바다오리　　c) 금강앵무

8. 홍학은 새끼들에게 무엇을 먹일까요?
   a) 분홍색 젖
   b) 은색 물고기
   c) 초록색 잡초

9. 블랙맘바 뱀은 무슨 색일까요?
   a) 은색
   b) 주황색
   c) 검은색

10. 호랑이의 줄무늬는 치타의
    _____ 이나 마찬가지예요.

산에 사는 동물들

47

① 이 산양의 이름은 무엇인가요?
   a) 아이벡스   b) 오펙   c) 잉카

② 나는 긴 목을 가졌고, 남미에 살아요.
   내 이름은 똑같은 알파벳 두 개로 시작해요.
   나는 누구일까요?

③ 우는토끼는 어떤 동물과 비슷하게 생겼나요?
   a) 도마뱀   b) 염소   c) 기니피그

④ 러시아와 미국을 상징하는 새는 무엇인가요?

⑤ 아시아의 높은 산지대에 사는 희귀한 표범의 이름은 무엇인가요?
   a) 얼음표범
   b) 눈표범
   c) 산표범

6) 어떤 동물이 종종 '마운틴라이언'이라고 불리나요?
   a) 코요테　　　b) 자칼　　　c) 퓨마

7) 히말라야에 산다고 알려진 전설 속 반인 반유인원의 별명은 '○○○ 눈사람'이에요. ○○○은 무엇일까요?
   a) 끔직한　　　b) 야비한　　　c) 최악의

8) 다음 중 어떤 동물이 눈 속에서 살아남기 가장 힘들까요?
   a) 생쥐　　　b) 뱀　　　c) 박쥐

9) 남미의 독수리는 무엇이라 불리나요?

10) 야크는 어디에 사나요?
    a) 히말라야산맥
    b) 안데스산맥
    c) 로키산맥

정답

1 대형 고양잇과 1. 사자 2. c 3. a 4. 갈기 5. b 6. 표, 재 (재규어는 먹잇감의 두개골을 물어서 죽여요.) 7. 진실 8. 호랑이 9. c 10. 사자

2 치명적인 동물들 1. c 2. c 3. b 4. 하이에나(하이에나의 울음소리는 신경질적인 웃음소리 같이 들려요.) 5. b 6. a 7. 피라냐 8. a 9. c 10. a 11. b 12. 모기(모기는 치명적인 질병을 옮겨요.) 13. 호랑이 14. b 15. a(코뿔소는 보이는 것보다 들리는 것에 민감해요.)

3 상어 1. c 2. a 3. 범고래(범고래가 훨씬 크고 더 똑똑해요.) 4. b 5. 귀상어 6. c(사람들은 상어 지느러미 수프를 만들기 위해 많은 상어를 잡았고, 그 외에는 낚시 그물에 걸려서 죽었어요.) 7. b 8. a 9. b(가장 큰 상어는 고래상어예요.) 10. a

4 숲에 사는 동물들 1. a(캐나다 다음은 러시아예요.) 2. 스컹크 3. c 4. a 5. 네 6. a 7. b 8. 비버 9. b 10. a 11. 늑대개 12. 네(하지만 아기 벌을 먹는 것을 더 좋아해요.) 13. c 14. 사슴 15. c

5 애완동물 1. 네 2. b(고양이가 개보다 더 기르기 쉬워요. 공간이나 관심을 덜 필요로 하기 때문이에요.) 3. b (당근은 당분을 많이 포함하고 있어서 간식으로만 줘야 해요. 또한 토끼는 짙은 초록색의 상추만 먹어야 해요. 다른 종류는 몸에 해로울 수 있기 때문이에요.) 4. c 5. 진실 6. 햄스터 7. a(라이카는 지구 궤도에 오른 첫 번째 개이며 우주 비행 중 가속도와 고열을 견디지 못하고 죽었어요.) 8. c 9. a 10. b 11. c (카나리아가 죽어서 횃대에서 떨어지면 광부들은 가스가 샌다는 것을 알았어요.) 12. 아니요(3개월이에요.) 13. a 14. 다른 토끼들에게 위험을 알리기 위해서예요. 15. b

6 원숭이와 유인원
1. b 2. c 3. b 4. a 5. 거짓(바바리마카크는 스페인 남단에 있는 지브롤터에 살아요.) 6. 원숭이는 꼬리가 있어요. 7. a 8. c 9. b(햄은 불이 들어오는 레버를 당겨서 우주선을 조종했어요.) 10. b

7 거대한 동물들
1. c 2. 대왕고래 3. b 4. c 5. 고질라 6. c 7. 행운 8. 진실 9. b(『내 친구 꼬마 거인』에 등장해요.) 10. c 11. a 12. b 13. a 14. 아니요 15. a, d, b, c

8 맹금류
1. 암컷 2. 올빼미 3. a 4. 높은 절벽 위 5. b 6. 청소동물 7. b(부비새는 바닷새예요.) 8. a 9. b 10. a (흰머리수리는 북미에 살고, 남미수리는 중남미에 살아요.)

9 소름끼치는 벌레들
1. b 2. 지네 3. a 4. 전갈 5. b 6. 네 7. c 8. a 9. 아니요 10. c 11. c(아마존왕지네는 박쥐를 잡아먹어요.) 12. 아니요(하지만 때로는 하수구에 떨어지다 걸려 올라오기도 해요.) 13. 거짓(어떤 지네는 다리가 100개보다 더 많고, 어떤 지네는 더 적어요.) 14. 거짓 15. 아니요(하지만 한쪽 반은 살아날 수도 있어요.)

10 네 또는 아니요
1. 네(잠을 자기 위해서예요.) 2. 네 3. 아니요(대왕고래는 자몽보다 큰 것은 삼키지 못해요.) 4. 네 5. 아니요(전서구는 오직 한 방향으로만 날아요.) 6. 아니요(둘이 똑같아요.) 7. 네(대부분의 동물은 알아보지 못해요.) 8. 네 9. 아니요(오직 포유류만 땀을 흘려요.) 10. 네 11. 아니요(굼벵이무족도마뱀은 다리 없는 도마뱀이에요.) 12. 네 13. 아니요 14. 아니요 15. 아니요 16. 네 (대부분은 짖어요.) 17. 아니요(어떤 애벌레는 먹기도 해요.) 18. 아니요 19. 아니요(하지만 아주 희미한 빛 속에서도 볼 수 있어요.) 20. 네

11 농장에서
1. a 2. b 3. 진실 4. 소의 종류 5. a 6. b 7. c 8. 아니요 9. 숫염소 10. c

12 뱀 1. a 2. b 3. 극지방 4. c 5. 네(많이 있어요.) 6. a 7. b 8. 아일랜드 9. c(인랜드타이판은 오스트레일리아 오지에 살며 아주 드물게 사람과 마주쳐요.) 10. 아니요(뱀은 귀가 없어요.)

13 물고기 1. 강꼬치고기(강꼬치고기는 유일하게 바다에서 살지 않아요.) 2. b 3. a 4. 아니요(물고기는 척추가 있어요.) 5. c 6. b 7. a 8. 진실(송어 배를 간질이면 옅은 잠에 빠지거든요.) 9. 진실 10. c

14 곰 1. c 2. b 3. 아니요 4. 밤하늘(큰곰자리와 작은곰자리는 별자리예요.) 5. a 6. a 7. c 8. 거짓 9. c 10. a 11. 회색곰(팔을 휘둘러 사자의 두개골을 부술 수 있어요.) 12. a(펭귄은 남극 근처에 살고, 북극곰은 북극 근처에 살아요.) 13. b 14. c 15. a

15 계절 1. v 2. c(여왕벌은 예외예요. 여왕벌은 겨울잠을 자고 봄에 새로운 무리를 이루어요.) 3. 지상 최대의 쇼 4. 하얀색 5. a (어떤 나방들은 고치를 만들지만, 나비는 그렇지 않아요.) 6. 아니요 (적도에는 겨울이 없어요.) 7. b 8. a(북극여우의 털은 하얗게 변해요.) 9. 아니요 10. 각각 물어요.

16 사막에서 1. 쌍봉 낙타(단봉 낙타는 혹이 하나예요.) 2. c 3. a 4. 거짓(더스트 데블은 사막의 회오리바람이에요.) 5. b 6. c 7. a 8. b 9. a 10. 꼬리

17 방어용 속임수 1. a(복어도 몸을 부풀리지만 가시가 없어요.) 2. a 3. c(독화살개구리는 포식자에게 독성이 있다는 것을 보여 주기 위한 선명한 표식이 있어요.) 4. 부모에게 잡아먹히지 않으려고요. 5. c(잘린 꼬리는 더 주의를 끌기 위해 계속 꿈틀거려요.) 6. 쥐 7. 낙타 8. 네눈박이물고기 9. b 10. a

18 **오스트레일리아** 1. 유대목 동물 2. 태즈메이니아 데빌 3. c
4. a 5. a 6. c 7. 굴 8. b 9. b 10. 거짓(30퍼센트는 아메리카 대륙에 살아요.)

19 **진실? 혹은 거짓?** 1. 거짓 2. 진실 3. 거짓 4. 진실(먹이를 씹을 때 눈물이 나와요.) 5. 진실 6. 거짓 7. 거짓(혹에 지방을 저장해요.) 8. 진실 9. 거짓 10. 진실(그리고 새둥지는 새의 침으로 만들어져요.) 11. 진실(원래의 몸통에도 새로운 팔이 자라나요.) 12. 거짓(하지만 아주 잘 견디는 것은 맞아요.) 13. 진실 14. 거짓 15. 진실 16. 거짓(개는 파란색과 초록색으로 보아요.) 17. 거짓(바깥의 소리가 껍데기 안에 잡혀 바다 소리를 들을 수 있는 거예요.) 18. 거짓 19. 거짓 20. 진실

20 **해안가** 1. 게, 불가사리, 삿갓조개 2. c 3. 검은색 4. b
5. 소라게 6. a 7. 고깔해파리 8. 불가사리 9. b 10. a

21 **설치류** 1. b 2. c(《앨빈과 슈퍼밴드》에 등장해요.) 3. c(생쥐는 너무 가벼워서 천천히 떨어져요.) 4. 아니요 5. c 6. b(중국에서 벼룩이 붙은 쥐들이 배에 올라 지중해를 건너왔어요.) 7. a 8. 쥐
9. a 10. 아니요

22 **북극과 남극** 1. a 2. 바다코끼리 3. 남극 4. c 5. c 6. c
7. 대셔, 코멧, 블릿즌 8. 네 9. 눈표범 10. b

23 **도마뱀** 1. c(3미터 길이예요.) 2. 진실 3. 카멜레온 4. b 5. b
6. c 7. a 8. b(뱀은 귀가 없어요.) 9. 냉혈 동물 10. c(무족도마뱀)

24 **개구리와 두꺼비** 1. b 2. c 3. a 4. b 5. 괴물 개구리
6. 네(하지만 두꺼비는 없어요.) 7. c 8. a 9. b 10. 거짓

25 **해가 진 뒤** 1. a-2, b-1 2. 붉은 여우 3. 나방 4. 아니요 5. b 6. 나이팅게일 7. a 8. 호랑이 9. 거짓 10. 안경원숭이

26 **박쥐** 1. a 2. 아니요(어떤 박쥐는 나무 속에서 자요.) 3. 진실 4. b 5. c 6. a 7. c(하지만 음이 너무 높아서 사람은 들을 수 없어요.) 8. c 9. b(황금모자과일박쥐가 가장 커요.) 10. a

27 **뛰어오르고 튀어 오르기** 1. b 2. b 3. 날개 4. 돌고래 5. 진실 6. c 7. a 8. 집토끼 9. b 10. 아니요

28 **고래와 돌고래** 1. b 2. 아니요(돌고래예요.) 3. c 4. 네 (모든 포유류는 배꼽이 있어요.) 5. c 6. b 7. a 8. 아니요 (음식 속에 들어 있는 물로도 충분해요.) 9. b 10. c

29 **스피드 왕** 1. 가젤 2. b 3. d, b, c, a 4. 그레이하운드 5. a (시속 110킬로미터까지 달릴 수 있어요.) 6. b 7. b 8. a(먹잇감을 쫓을 때는 시속 320킬로미터로 날아요.) 9. a(모든 포유류 중 가장 빠른 임신이에요.) 10. c

30 **진실? 혹은 거짓?** 1. 진실 2. 거짓 3. 진실 4. 거짓 5. 거짓 6. 진실 7. 거짓 8. 거짓 9. 진실 10. 거짓 11. 진실('등목어'라고 해요.) 12. 거짓 13. 진실 14. 진실 15. 거짓(생쥐는 초콜릿을 더 좋아해요.) 16. 진실(코끼리는 50년 만에 본 코끼리도 알아보아요.) 17. 거짓 (유니콘은 전설 속 동물이에요.) 18. 거짓(집파리는 침을 뱉어요.) 19. 진실(곤충들이 숲속에서 아주 작은 진동을 만들어 내고, 이 진동은 딱따구리의 혀를 타고 귀로 올라와요.) 20. 거짓

31 **작은 동물들** 1. a 2. 들쥐 3. b 4. c 5. c 6. b 7. b 8. a 9. c 10. a 11. c 12. 아니요(갈색이에요.) 13. a 14. 고슴도치 15. c

32 **열대 우림의 야생 동물** 1. c 2. 진실 3. b 4. a 5. a
6. 거짓(고릴라 고릴라 고릴라예요.) 7. 아니요 8. b 9. c 10. a

33 **위기의 동물들** 1. b 2. a 3. a 4. c(마지막으로 알려진 태즈메이니아 호랑이는 1936년에 죽었어요.) 5. c 6. a 7. c
8. bison 9. c 10. 인도호랑이, 장수거북

34 **느리고 끈기있게** 1. a 2. 당나귀 또는 노새 3. b 4. c, b, d, a
5. a(굼벵이무족 도마뱀) 6. 달팽이 7. b 8. c 9. c 10. 네

35 **극단적인 동물들** 1. b 2. 네 3. c(스스로 폭발해서 포식자에게 독 있는 끈끈이를 뒤집어 씌워요.) 4. a(문어는 뼈가 없기 때문에 가능해요.) 5. a 6. b(너무 빨라서 무술의 한 종류에 영감을 주기도 했어요.) 7. 문짝거미 8. c 9. b 10. c

36 **곤충들** 1. c(곤충은 다리가 여섯 개예요.) 2. b 3. b(베짱이는 여름 내내 식량을 모으는 대신 놀아서 겨울에 먹을 식량이 없었어요.)
4. a 5. b 6. c 7. 네 8. a(실제로는 다른 일부 곤충들보다 살아남을 확률이 낮아요.) 9. 메뚜기 10. 개똥벌레

37 **다양한 이름** 1. a-1, b-2 2. gosling 3. a 4. a-2, b-3, c-1
5. vixen 6. a-4, b-3, c-5, d-1, e-2 7. 굴 8. 암탕나귀 9. b
10. peahen

38 **심해의 동물들** 1. c, a, b 2. c 3. 진실 4. a 5. b 6. 줄씬벵이
7. b 8. c 9. 네(심해어는 수면 근처의 저압 상태에서 살 수 없어요.)
10. b

39 **코끼리** 1. c(아프리카코끼리, 아시아코끼리, 둥근귀코끼리)
2. c 3. 아프리카코끼리 4. b 5. a 6. 코 7. c 8. b
9. 생쥐(코끼리는 뛰어오르지 못해요.) 10. a

40 여러 종류의 동물들
1. a 2. a 3. b 4. 날갯짓을 해서 5. b(뼈를 먹어치웠기 때문이에요.) 6. c 7. a(먼지와 꽃가루를 막아 눈을 보호해 줘요.) 8. 타잔 9. b 10. a 11. c 12. b 13. c 14. 진실('제동크'라고도 불러요.) 15. c

41 호수와 강
1. c 2. a 3. 오리너구리 4. 래트 5. c 6. 네 7. b 8. 밤낮 9. b 10. 굴

42 진실? 혹은 거짓?
1. 거짓 2. 진실(중세시대 이후로 더 많은 양털과 고기를 얻기 위해 양의 크기가 커지도록 교배했어요.) 3. 거짓('섀도팩스'라고 해요.) 4. 진실 5. 거짓 6. 진실 7. 진실 8. 거짓 9. 거짓 10. 거짓(슈퍼맨이에요.) 11. 진실 12. 진실 13. 진실(청어를 발효한 음식을 '수르스트뢰밍'이라고 하며, 이 냄새에 갈매기도 의식을 잃는다고 해요.) 14. 거짓 15. 거짓(영화 〈스타워즈〉의 캐릭터예요.) 16. 거짓(용기를 갖고 싶어 했어요.) 17. 진실 18. 진실 19. 거짓 20. 진실 21. 진실 22. 거짓(코뿔소의 한 종류예요.) 23. 진실 24. 진실(물에 빠진 사람들을 수면 위로 올려 주거나 해안으로 헤엄쳐 가는 것을 도와줬어요.) 25. 진실(가장 빨리 자라는 부위예요.) 26. 거짓 27. 거짓(영양의 한 종류예요.) 28. 진실 29. 거짓(위 하나가 네 부분으로 나뉘어져 있어요.) 30. 진실

43 껍데기가 있는 동물
1. 8개(하지만 다리는 집게발 2개를 포함해 총 10개예요.) 2. 진실 3. b(비명은 껍데기 속에서 공기가 빠져나오는 소리예요.) 4. c 5. b 6. 아니요(작아진 껍데기를 버리고 더 큰 새 껍데기를 찾아요.) 7. c 8. 갈라파고스땅거북 9. 육지 10. c

44 새
1. a 2. a(홍학은 날 수 있어요.) 3. 불사조 4. 아니요(머리가 하얀 깃털로 덮여 있어요.) 5. c(알바트로스는 일생의 대부분을 바다 위를 날아다니며 보내요.) 6. 큰부리새 7. a 8. c(홍학은 새우를 먹기 시작해야 분홍색으로 변해요.) 9. b 10. b

45 **광활한 평야** 1. a 2. c 3. c 4. 거짓(사람의 머리카락, 손톱과 똑같은 것으로 만들어졌어요.) 5. a 6. 검정 바탕에 하얀 줄무늬 (하얀 줄무늬는 털의 색소가 없는 부분이에요.) 7. c 8. 고양이 9. a 10. 〈라이온 킹〉

46 **여러 가지 색깔** 1. 포식자들에게 독이 있다는 걸 알리기 위해서 (또는 그런 척하기 위해서) 2. a 3. c 4. b 5. c 6. b 7. b 8. a 9. a 10. 반점

47 **산에 사는 동물들** 1. a 2. 라마 (llama) 3. c 4. 독수리 (러시아의 상징은 쌍두독수리이고, 미국의 상징은 흰머리수리예요.) 5. b 6. c 7. a 8. b(뱀은 변온 동물이라서 체온을 조절하는 능력이 없어요.) 9. 콘도르 10. a

Animal Quizzes
First published in 2015 by Usborne Publishing Ltd., Usborne House, 83-85 Saffron Hill, London EC1N 8RT, England. www.usborne.com
Copyright © 2015 Usborne Publishing Ltd. All rights reserved. No part of this publication may be reproduced, stored in a retrieval system or transmitted in any form or by any means, electronic, mechanical, photocopying, recording or otherwise, without the prior permission of the publisher. The name Usborne and the devices are Trade Marks of Usborne Publishing Ltd. UE.
Korean translation copyright © 2018 Usborne Publishing Ltd.

이 책의 한국어판 저작권은 Usborne Publishing Ltd.에 있습니다. 저작권법에 의하여 한국 내에서 보호를 받는 저작물이므로 무단전재와 복제를 금합니다.
어스본 이름과 는 Usborne Publishing Ltd.의 트레이드 마크입니다. 구입 문의 영업(통신판매) 02)6207-5007 팩스 02)515-2007